김 대리 정신차려

김 대리 정신차려

Get a Grip! by Bob Losyk

김 대리 정신차려

밥 로시크 지음 | **전소영** 옮김

프리미어프레스

내 인생에서 진정한 단 하나의 사랑, 로이스에게 이 책을 바친다.
나의 외조부모님인 안토니오 디안젤로와 필로메나 디안젤로께,
그분들의 사랑과 영감에 감사드린다.

그 어느 때고 시들지 않는 사랑과 영감을 쏟아 부으며 꾸준히 격려해준 나의 아내 로이스에게 감사한다. 아내는 조사 활동과 함께 끊임없이 의견을 제시하며 예리한 통찰력으로 이 책을 완성하는 데 큰 도움을 주었다.

뿐만 아니라 지난 세월 동안 나보다 앞서 스트레스 해소법을 다룬 많은 연구가들과 저자 및 전문가들이 주는 영감과 지식의 도움도 많이 받았다. 그중 한스 셀리에, 월터 캐논 같은 몇몇 저자는 이 책에도 언급되어 있다. 그 외에도 이 책을 완성하기까지 여기서 일일이 이름을 말하지 못한 많은 분들의 도움이 있었다. 그들의 연구에 깊이 감사를 드린다. 또한 시간을 내서 내 질문에 답해주고 의견을 아끼지 않았던 분들에게도 감사드리고 싶다.

많은 회사에서 나의 컨설팅 서비스를 받아들여 긍정적인 변화를 이루었다. 그 회사에도 감사를 드린다. 내 기조연설 내용과 세미나를 활용하여 부하 직원들의 변화를 이끌어낸 회의 기획자 및 협회 간부들에게도 감사의 말을 전한다. 그리고 무엇보다 일상의 스트레스를 다루는 비결 및 아이디어를 나누어준 수많은 청중을 빼놓을 수 없다.

존 와일리 앤드 선즈의 편집장인 매트 홀트를 비롯한 와일리 출판사 식구들은 이 책이 나오기까지 나와 긴밀한 협동 작업을 해주었다. 내 책에 대한 믿음을 갖고 프로 정신으로 임해준 그들에게 감사한다. 그들의 제안과 도움이 아니었다면 이 책은 빛을 보지 못했을 것이다.

그 외에도 짚고 넘어가야 할 몇몇 사람들이 있다. 그들은 내게 있어서 영감, 동기, 정보, 그리고 웃음의 원천이다. 우선 개리와 앨리스 앨링턴 부부는 인생을 살면서 아름다움과 선善을 발견하는 법을 보여준 이들이다. 빌 파넬라와 거다 캐롤은 뛰어난 유머 감각을 지녔다. 이들을 통해 인생은 재미있게, 때로는 바보같이 살아도 된다는 사실을 깨우쳤다. 그리고 도나 호키와 프랭크 호키는 치열하게 일하고 마음껏 노는 법을 터득함으로써 인생의 균형을 이루어냈다. 마지막으로, 론 디안젤로라는 똑같은 이름을 가진 내 사촌 둘을 빼놓을 수 없다. 좋지 않은 상황

에서도 어떻게 재기하는지를 아는 그들이 내 인생에 함께한다
는 사실이 정말로 기쁘다.

　마지막으로, 내 애완견 '멋쟁이'를 이야기하고 싶다. 그 녀석은
나와 아내가 산책을 나갈 때마다 졸졸 따라다니며 우리를 웃게
만들고 기분이 편안해지도록 아낌없이 봉사했다. 멋쟁이가 우리
에게 보여준 사랑을 통해 아내와 나의 애정도 돈독해졌다. 멋쟁
이야말로 우리 부부에게는 최고의 스트레스 해결사이다.

스트레스 SOS

이 책을 집어들었다는 사실만 보아도 당신은 스트레스 많은 인생을 살고 있음에 틀림없다. 하지만 안심하라. 당신 혼자만 그런 게 아니다. 서점에서 이 책을 펼쳐 보는 다른 사람들도 사정은 마찬가지일 테니까. 당신은 이 책을 읽으며 도움말과 진정한 해결책을 찾게 될 것이다. 그렇다 하더라도 변화를 이끌어내는 당사자는 바로 당신이라는 점을 명심하라. 이 세상의 어느 누구도 당신의 인생에서 스트레스를 없애줄 수는 없다. 이제 당신은 스트레스를 줄이고 더 행복한 삶을 살 수 있다. 이 책을 고른 순간부터 이미 그러한 삶으로 한 발짝 내딛은 셈이니 말이다.

스트레스는 아마도 인간이 일찍 병들거나 죽게 되는 가장 큰 이유일 것이다. 두통에서 심장마비, 심신증에서 뇌졸중까지, 모든 건강 문제는 이른바 21세기의 역병이라고 알려진 스트레스와 연관되어 있다. 일터에서 알게 모르게 몸 안에 쌓인 스트레스는 종종 집에 가면 더 심해지곤 한다. 이 순환이 다음날에도 반복되므로 스트레스가 계속 쌓이는 것이다. 그러나 우리의 몸, 정신, 그리고 영혼이 감당할 수 있는 스트레스는 한계가 있다. 계속 쌓이는 스트레스를 무시하다가는 호되게 당할지도 모른다.

우리는 스트레스를 지배하든지, 아니면 스트레스 때문에 육체와 정신과 영혼에 상처를 입든지, 양자택일할 수밖에 없다. 매일 받는 스트레스를 모두 없애는 것은 불가능하지만 건강을 악화시키지 않는 수준으로 약화시킬 수는 있다. 이 책에서 소개하는 육체, 정신, 영혼을 위한 훈련을 하면 건강을 향상시킬 수 있을 뿐만 아니라 인생도 크게 개선시킬 수 있다. 사고방식과 가치관을 긍정적으로 개선하고 더 나아가 즐거운 인생을 누리게 될 것이다. 스트레스 퇴치에 역효과란 없다.

왜 이 책인가?

스트레스는 흔한 문제라 이것을 주제로 한 책은 많이 나와 있다. 그러나 모든 사람들을 대상으로 해서 쓴 책은 많지 않다. 어떤 책들은 연구 발표라도 하듯이 실험 결과, 어려운 의학 용어, 주석 등으로 도배되어 있어 이해하기가 어렵다. 또 어떤 책들의 내용은 너무나도 추상적이라서 실천으로 옮기기는커녕 읽기에도 난해하고 이 주제에서 저 주제로 일관성 없이 전개된다.

당신이 회사의 최고경영자든 중간 간부이든, 활발하게 일을 하든, 직업이 없든, 나는 당신을 염두에 두고 이 책을 썼다. 《김대리, 정신 차려》는 효과적인 방법이 가득한 실용적인 책이다. 바쁜 현대인에게 복잡하고 어렵고 시간을 잡아먹는 방법들을 소개해봤자 소용없는 일 아닌가. 그래서 쉽고 즉시 따라 해볼 수 있는 방법을 제시했다. 이 책에 소개된 아이디어와 방법을 실천하는 데에는 단지 몇 분이면 충분하다. 또한, 명상이나 기공 등 심신을 동시에 다스릴 수 있는 방법들도 간략하게 소개하였다. 평소 관심이 많았다면 이 책의 내용을 길잡이로 삼아 더 진지하게 수련하겠다고 다짐할 수도 있을 것이다.

이 책의 접근 방법

당신과 내가 마주 보고 앉아 토론을 하고 있다고, 당신이 '스트레스'를 주제로 하는 내 세미나에 참석하고 있다고 느끼도록 이 책을 썼다. 그리고 몸과 정신, 영혼을 하나로 통합하여 바라보는 전인적全人的 접근 방식을 사용했다. 내가 당신에게 가르쳐주는 전략은 스트레스를 없애고 긴장을 풀고 기운을 얻기 위한 실용적이면서도 효과가 입증된 방식이다. 이 책은 스트레스와 싸워서 이기게끔 하는 여러 가지 요령들을 알려준다. 선택의 종류가 많기 때문에 당신에게 가장 즐겁고, 생활방식에 잘 맞으며, 바쁜 일정과 조화를 이룰 수 있는 방법을 고르면 된다. 모든 방식이 똑같은 효과를 가져다주지는 않을 것이다. 간단한 것부터 천천히 시작해서 자신만의 방법을 구축하라. 즉시 모든 방법을 익히지는 못하겠지만, 잘 알다시피 천릿길도 한 걸음부터이지 않은가.

이 책의 구성

1장에서는 왜 모든 사람들이 그전보다 더 많이 스트레스에 시달리는지 그 이유를 살펴본다. 직장 내 스트레스의 원인, 그리고 그 스트레스를 받은 당사자가 회사에 끼치는 영향에 대해 검토해본다. 무엇보다 스트레스란 무엇인지, 스트레스가 몸·정신·영혼에 어떤 피해를 입히는지를 일상적인 예를 들어 설명했다. 여기에서 우리가 스트레스를 지배해야 하는 이유를 깨달아야 한다.

2장에서는 '탈진'의 의미와 이것이 당신의 건강에 어떤 영향을 주는지 살펴본다. 탈진에 이르는 단계들을 보여주고, 당신이 과연 탈진에 이르는 길에 서 있는지 판단할 수 있도록 했다. 당신은 탈진의 위험성, 탈진을 예고하는 증상, 그에 대처하는 방법에 대해 배우게 될 것이다.

3장에서는 당신의 인생에 돋보기를 대고 인생의 진정한 우선순위가 무엇인지, 인생의 모든 요소들을 서로 어떻게 조화시킬 것인지 생각할 수 있게끔 했다. '일의 노예가 된 인생slave-holic', 즉 더 많은 것을 얻기 위해 일을 손에서 놓지 못하고 쉬지 못하는 삶이 얼마나 위험한지 알게 될 것이다. 일단 일이 끝나면 완전히 잊어버리고 자신에게 진정으로 중요한 것에 더 많은 관심을 기울이는 방법을 배우라.

시간을 효율적으로 쓰면 스트레스가 적어진다. 4장에서 시간 일지 기록하는 방법을 배워 매일 당신의 시간이 어디로 새고 있는지 살펴보라. 하루를 계획하고 우선순위를 정하면 더 많은 일을 처리할 수 있다. 방해 요소를 없애고 더 생산적으로 일하라. 또한 사무실과 집을 정리함으로써 당신을 무기력하게 하면서 스트레스 받게 하는 요소를 제거하는 방법도 소개한다.

5장에서는 밝은 기분과 웃음이 스트레스를 날려버리는 일등 공신임을 새삼 깨닫게 된다. 의외의 상황과 장소에서 웃음을 찾는 방법에 대해 알아보자. 직장에서 재미난 활동을 하면 어떤 점이 좋은지 알려주겠다. 일터를 좀 더 재미있고 창조적이며 생산적인 장소로 만드는 방법을 배워보자.

어떤 음식을 먹느냐에 따라 기분이 안정되기도 하고 불편해지기도 한다는 사실을 아는가? 6장에서는 식생활이 스트레스에 어떤 영향을 미치는지 살펴본다. 사람들이 필요 이상의 음식을 먹어대는 근본적인 이유도 제시해놓았다. 건강한 식생활이 기분, 체중, 그리고 육체적·정신적 건강과 얼마나 긴밀한 관계에 있는지 살펴볼 것이다.

운동이 얼마나 완벽한 스트레스 해독제인지 7장에서 확인하라. 시간과 돈을 많이 들이지 않고도 할 수 있는 근력 운동, 걷기, 유산소 운동 등의 방법과 함께 그 효과를 소개하였다. 어떤 운동이 당신의 생활 방식과 업무 일정에 가장 적합한지 판단할 수 있을 것이다.

8장의 주된 주제는 명상이다. 명상의 좋은 점과 함께 명상하는 방법, 시기, 장소에 대해서도 소개했으며, 확언과 시각화를 사용하는 방법도 빠뜨리지 않았다. 올바른 호흡법을 통해 스트레스를 줄일 수 있다는 사실과 간단하지만 효과적인 명상을 언제 어디에서든 할 수 있다는 점을 알게 될 것이다.

9장에서는 스트레스를 없애는 다섯 가지 운동을 소개했다. 스트레칭과 그 효과에 대해 기본적인 지식을 갖추기에 좋은 기회이다. 필라테스를 기본으로 한 운동과 요가가 건강에 미치는 긍정적인 영향에 대해서도 설명하였다. 태극권, 기공에 대해서도 자세하게 소개하여 더 깊이 있게 수련하고 싶은 사람들이 결정을 내릴 수 있도록 도왔다. 이러한 운동들이 더 느긋하고 행복한 생활을 위해 얼마나 훌륭한 도구가 되는지 알게 될 것이다.

이 책의 뒷부분에 소개한 '스트레스를 비켜가기 위한 50가지 방법'도 빼놓지 말고 살펴보라. 마지막으로 에필로그에서는 목표 설정을 통해 변화를 이끌어내는 방법을 배울 수 있다. 스트레스 없는 인생을 살기 위해 필요한 변화를 꾀하려면 자신만의 실천 계획을 세우라.

이 책을 100% 활용하는 법

이 책의 각 장은 논리적인 진행 순서에 따라 구성되었다. 물론 순서대로 읽어도 되고, 관심 가는 데로 아무 장이나 먼저 읽어도 상관없다. 그렇지만 조언을 하자면, 1장을 먼저 읽고 스트레스가 과연 무엇인지 그리고 우리의 몸에 어떤 영향을 미치는지에 대해 전체적으로 파악해보는 것이 좋다. 각 장은 큰 제목과 그 밑의 소제목들로 나누어졌기 때문에 한 주제의 요점을 한눈에 알아볼 수 있다.

책의 내용을 묵히지 마라. 책에 나온 방법을 가능한 한 모두 시도해보고 당신에게 일어난 변화를 기록해보라. 이렇게 하면 동기를 계속 유지할 수 있고 변화 과정도 추적할 수 있다. 또한 당신이 과거에 어떻게 생활했고 지금까지 어떤 변화를 거쳐 왔는지 파악하게 될 것이다. 변화 과정을 인식하면 중심이 더 확고해지고 스트레스를 의식적으로 통제할 수 있게 된다.

변화를 이끌어내는 일은 힘들다. 변화를 이끌어내려고 하다 보면 불편해지는데, 그 이유는 매일 똑같이 반복되는 일상에 동요가 일어나기 때문이다. 그러나 스트레스가 당신에게, 당신의 생활 방식에, 그리고 당신 주변의 소중한 이들의 삶에 어떤 영향을 주는지 생각해보라. 현재의 생활이 당신이 바라던 인생인가? 스트레스로 가득한 일상의 덫에 걸려 탈진의 길에 들어서고 결국 건강 악화로 치닫고 싶은가? 아니면 그런 흐름에 제동을 걸고 무언가 시도해보려는 다짐을 하겠는가? 선택은 당신의 몫이다. 그리고 이 책에 해결책이 있다.

1부 직장인의 독毒, 스트레스

쥐꼬리만 한 월급, 매일 반복되는 야근, 권위적인 상사, 전망 없는 직장, 살벌한 생존 경쟁, 정년마저 사라진 기업 문화! 김 대리는 직장 스트레스로 인해 현기증이 날 것만 같다. 지금까지 묵묵히 참고 버텨 왔지만 더 이상은 어떻게 할 수 없을 것만 같다. 마치, 거대한 벽 앞에 혼자 서 있는 느낌이다. '이러다가 내가 다 타버리는 건 아닐까?' 김 대리는 탈진해 버릴 것 같다. 하지만 술마신다고 스트레스가 풀리나? 김 대리, 정신 차려!

01 스트레스는 바이러스야

21세기에 일을 한다는 것은 지금 당장 이것저것 해달라고 떼를 쓰는 아기를 키우는 상황과 같다. 컴퓨터, 휴대폰, PDA 등과 같은 기기 덕분에 인류의 생활이 편해진 것과 동시에 그러한 기술은 우리의 개인 생활을 갉아먹고 있다. 일하는 시간은 이제 사생활까지 파고들어 왔고, 우리가 생산적이 될수록 해야 할 일은 점점 더 늘어나는 것 같다. 이제 더 이상 완전한 퇴근이란 없다. 고객, 상사, 그리고 동료들이 퇴근 이후든 한밤중이든 우리를 찾기 때문이다. 직장과 개인 생활 사이에 선을 긋기가 불가능해진 것이다.

감량 경영과 정리해고 후에 남은 직원들은 직장을 떠난 동료들의 업무를 떠맡아야 했다. 모든 기업체는 더 적은 인력으로 같은 성과를 내도록 압력을 받고 있다. 더 나아가 세계화는 이런 흐름에 '몸집을 줄이라'는 요구마저 더한다. 지난 불경기 때 직장을 잃었던 사람들은 다시 복직하기 힘든 상황이 되어버렸다. 제조업과 서비스업 모두 외주를 주고, 해외 근로자를 고용하기 때문이다.

이런 모든 변화에다 고된 맞벌이 생활, 늘어나는 의료비, 테러에 대한 공포, 그리고 중동 문제 등을 더해보라. 이미 많은 사람들이 폭발하기 직전에 있다. 그들은 두려움, 피로, 그리고 분노에 사로잡혀 있다. 피폐해지는 정신 때문에 전문적인 도움을 찾는 사람들이 늘어나는 가운데, 그들 중 일부는 결국 폭력에서 탈출구를 찾는다. '드디어 폭발했다'라는 말은 그동안 누르고 있었던 스트레스가 터졌을 때 사용하는 일상적인 표현이 되어버렸다. 이런 스트레스를 감당하기 위해 많은 사람들이 불건전한 행위에 빠지기도 한다. 과식, 흡연, 지나친 음주 및 약물 복용이 바로 그것이다.

코네티컷 주의 노스헤이븐에 위치한 마를린 컴퍼니는 직장 내 의사소통에 관한 컨설팅 회사로, '미국 직장인의 의식구조'라는 제목하에 여론조사 기관인 해리스 인터랙티브의 도움을 받아 매년 조사를 실시한다. 그 9번째 연례 조사의 결과(Marlin, 2003)를 살펴보자.

- 직장 동료들이 일주일에 여러 번 국내 문제에 대한 불안이나 걱정을 내비친다고 대답한 직장인 43%
- 직장 내에서 불안이나 스트레스로 인한 신체적 이상(두통, 감기 등)이 늘어났다고 답한 직장인 33%
- 우울증, 불면증, 약물 복용 및 가족 간의 갈등과 같은 감정적인 문제가 증가했다고 지적한 직장인 27%
- 스트레스의 주된 원인으로 경제 문제를 꼽은 직장인 28%
- 1년 전보다 동료들의 불만이 증가했다고 대답한 직장인 42%
- 1년 전보다 근로 의욕이 낮아졌다고 대답한 직장인 27%
- 스트레스를 받는 고객이 늘어났다고 느낀 직장인 35%
- 상대하기 힘든 고객이 더 많아졌다고 대답한 직장인 31%

스트레스는 직장 내 모든 사람들에게 영향을 미친다. 어떤 일을 하든, 어떤 근로 환경이든 스트레스는 발생하게 마련이다. 부유하든 가난하든, 나이가 많든 적든, 남자든 여자든, 그 누구도 스트레스에서 벗어날 수 없다. 직장 내 스트레스는 개인의 건강과 행복뿐만 아니라 가정생활에도 큰 영향을 미친다.

세계보건기구WHO에 따르면 스트레스는 전 세계적으로 만연해 있다고 한다. 유엔의 한 보고서에서는 일로 인한 스트레스를 '21세기 질병'이라고 일컫기도 했다. 또한 미국 스트레스 연구소는 스트레스로 인한 질병이 미국 경제에 미치는 손해가 1년에 1000억 달러에 이른다고 발표했다. 근로자 생산성에서도 매년 170억 달러를 상회하는 손실이 발생한다. 근로자가 무단 결근하는 이유 중 75%를 차지하는 것은 스트레스로 인한 질병 및 상해 때문이라고 한다. 미국노동통계국BLS의 발표에 따르면 근로자들은 스트레스와 관련된 문제로 약 20일의 휴가를 사용한다. 미국 내무국에서도 스트레스가 모든 이직 사유 중 40%를 차지한다고 추정한다.

다른 한 조사에 따르면 놀랍게도 의사를 찾는 사람들의 60~90%가 스트레스 때문이라고 한다(Perkins, 1994). 직장 내 스트레스는 가정 내 스트레스와 더불어 우리 삶의 무게를 두 배로 무겁게 하고 심각한 영향을 미친다. 건강하게 장수하려면 스트레스에 끌려다닐 것이 아니라 이를 제대로 알고 통제할 수 있어야 한다.

직장 혁명을 가로막는 장벽, 스트레스

일로 인한 스트레스는 아마도 회사에 영향을 미치는 가장 심각한 문제일 것이다. 간단히 말하자면, 고용인들이 그 직업에서 요구하는 수준과 조건을 만족시키지 못할 때 일로 인한 스트레스가 생긴다. 업무는 너무나 많고, 시간은 충분치 않으며, 일을 해내기 위한 인력이나 자원 또한 부족하다. 커리어빌더닷컴 CareerBuilder.com이 1400명을 대상으로 최근에 실시한 인터넷

설문 조사에서 응답자의 3분의 1 이상이 업무량이 증가했다고 대답했다. 그들은 더 오랜 시간 동안 일하며, 일을 끝내기 위해 점심시간까지 줄이고 있다고 답변했다. 그 결과 고용인들은 탈진 현상을 경험한다. 일을 감당하지 못하는 것이다. 그들은 스트레스가 가져오는 신체적·정신적 증상들을 경험한다. 스트레스는 회사의 인적 자원에 피해를 입힐 뿐만 아니라 그 조직이 영리 목적이든 비영리 목적이든, 교육 기관이든 정부 기관이든 조직의 전반적인 건강 상태를 악화시킨다.

미국 스트레스 연구소가 2001년에 추정한 결과에 따르면 스트레스로 인한 의료비용, 근로자재해보상금, 무단결근 현상, 이직 등으로 조직에 발생되는 손해가 3000억 달러에 이른다고 한다. 직장에서 스트레스가 많은 노동자들에게 들어가는 의료비용은 그렇지 않은 노동자보다 거의 50% 정도 더 높다(Goetzel et al., 1998).

그러나 스트레스 때문에 치르는 대가의 실체는 단순한 의료비용 이상이다. 스트레스는 다음과 같은 문제들의 원인과 깊은 관련이 있다. 무단결근, 부상, 심리적 문제, 근로자재해보상금 청구, 생산성 저하, 직원의 절도, 사기 저하, 성과 저조, 이직 등이 바로 그것이다. 명백하게 스트레스는 이 원인들의 기저에 직접적인 영향을 미친다. 게다가 직장에서 받는 높은 수위의 스트레스는 회사 내에서 끝나지 않고 가정생활에까지 연장되어 부정적인 영향을 미친다.

현재는 렐리아스타 금융회사ReliaStar Financial Corporation로
불리는 노스웨스턴 국립생명보험사는 스트레스가 회사에 미치
는 영향에 대하여 여러 중요한 연구를 실시했다. 그 결과는 다
음 통계와 같다.

- 스트레스 때문에 결근하는 직장인 100만 명
- 일이 인생에서 가장 큰 스트레스를 준다고 대답한 직장인 27%
- 일로 인한 스트레스의 수위가 매우 높거나 극단적으로 높다고
  대답한 직장인 46%
- 일로 인한 스트레스 때문에 당장 회사를 그만둘 생각을 해본
  직장인이 전체의 3분의 1
- 일로 인한 스트레스 때문에 신체적·정신적 건강이 나빠졌다
  고 응답한 직장인 70%

지긋지긋한 직장 스트레스

직장 스트레스가 급등하는 데는 여러 가지 이유가 있다. 다음
의 내용을 읽으면서 당신이 어디에서 가장 많이 스트레스를 받
는지, 그리고 그 스트레스를 보통 어떻게 해결하는지 생각해보
라. 만약 당신이 경영자라면 고용인들의 스트레스 수위를 낮추
기 위해 어떤 점을 바꾸거나 개선시킬 수 있을지 생각해보라.

노동 환경

직장의 물리적 노동 환경은 스트레스 수위에 지대한 영향을 미친다. 온도, 밝기, 소음, 공기의 깨끗한 정도, 혼잡, 고립, 안전도 및 인체공학적 환경 모두가 직장인이 보내는 하루의 질에 영향을 미친다. 주변과의 교류를 차단하는 칸막이가 쳐진 비좁은 책상을 앞에 두고 불편한 의자에 앉아 일을 하면 스트레스는 더 높아질 수밖에 없다. 매일 불편한 외부 환경에 둘러싸여 일하는 직장인은 전체적인 에너지, 즉 근로 의욕 및 건강에 치명적인 피해를 입는다.

직무 내용

우리가 전보다 더 많은 일을 하고 있는 것처럼 보인다면, 그 이유는 실제로 그렇기 때문이다. 인력 축소나 정리해고 등으로 직장을 잃은 많은 직원들이 다시 복직되지 않고 있다. 그러나 대부분의 직무 내용을 보면 하나의 직무가 다른 종류의 직무 전체를 흡수할 수 있도록 구성되어 있지는 않다. 따라서 남아 있는 직원들에게 압도적인 업무량과 요구 조건들이 부과되고, 많은 직원들은 이를 감당하지 못한다.

또한 대부분의 직무는 직원의 스트레스 수준을 염두에 두고 구성되지 않는다. 따라서 직장에서 요구하는 기준이 너무 높고 비현실적이기 때문에 직원 개인에게 지나치게 많은 책임이 부과되기도 한다. 게다가 직무 내용에 너무 많은 잡무가 포함되고,

훨씬 더 많은 일을 하도록 어느 때든 변경될 수 있다는 추가적인 단서도 붙는다. 직장에서 직원에게 요구하는 기준은 기가 막힐 만한 수준이다. 직원들은 막간의 휴식 또는 아예 쉴 틈도 없이 더 오랜 시간 동안 단순 반복적인 일을 하라는 요구를 받기도 한다. 자율권도 없어서 직원이 적합하다고 생각하는 방식으로 일할 수 없는 경우가 대부분이며, 예비 직무 교육을 받지 못한 경우도 있다. 결국 직원들은 직장에서 만족감을 갖지 못한다.

업무 역할

직무가 제대로 구성되지 않았을 때 또는 너무나 많은 새로운 책임이 부과될 때 직원의 역할에 혼란이 생긴다. 역할 전체가 명확하게 규정되어 있지 않기 때문이다. 직원들은 자신들의 책임이 구체적으로 무엇인지 잘 모른다. 따라서 자신들이 할 일이라고 생각했던 역할과 상사가 실제로 기대하고 있는 역할 사이에 갈등이 생긴다. 또한, 한 직원의 역할이 다른 직원의 역할과 중복되거나 갈등을 일으키면서 동료 직원들 사이에 마찰이 생길 수도 있다.

직원들은 본인이 담당하는 역할의 우선순위에 자신이 없으면 혼란된 상태에서 일을 하게 된다. 따라서 계속되는 압박 속에서 자신이 잘못된 방법으로 업무를 수행하고 있다는 두려움을 가진다. 매일 피로와 좌절감에 시달리면서 시간과 에너지를 낭비하는 것이다.

컴퓨터, 호출기, 휴대폰, 팩스 및 인터넷 덕택에 업무 처리 속도와 생산성이 증가했다. 사람들은 더 효율적이고 생산적이기를 요구받는다. 그러나 새로운 기술과 더불어 새로운 스트레스 요인도 생겼다. 새로운 기술과 소프트웨어를 끊임없이 배워야 하기 때문이다.

그러나 문제는 교육이 적절하지 않거나 기술이 적합하지 않을 때도 있다는 점이다. 기술이 정상적으로 기능하지 않을 때, 또는 이유도 모른 채 기계가 작동을 멈출 때 직원들은 업무를 완수할 수 없다. 바로 이때 스트레스가 그 추한 얼굴을 드러내기 시작한다.

까다로운 상사

관리 방식은 직장 내 스트레스에 가장 큰 영향을 미치는 요인 중 하나이다. 과거의 유물이 되어버린 독재적인 방식을 고집하는 경영자는 고용인들을 끊임없이 몰아대어, 그들이 스트레스를 받고 탈진하여 결국 직장을 떠나게 만든다. 대부분의 연구 결과를 보면, 직장인들의 이직 사유 1순위는 바로 위 상사의 관리 방식이다. 즉, 악독한 상사가 쓸데없이 일으키는 스트레스가 이직의 가장 큰 원인이라는 사실을 알 수 있다.

직장인들은 자신들을 보살펴주는 지도자를 원한다. 그들이 찾고 있는 지도자는 자신들에게 의견을 물으며 존중해주고, 모든 방향에서 대화의 창을 열어놓으며, 도움이 되는 피드백을 제 공하고, 자신들을 인정해주며, 스스로를 유능한 직원이라고 느 끼게 해주는 사람이다.

인간 관계

스트레스를 주는 커다란 요인 중 다른 하나는 직장 내 동료들 간의 관계이다. 내가 상담한 어떤 회사의 직원들은 함께 일하는 동료들이 너무나 훌륭하기 때문에 회사에 계속 남겠다고 대답 했다. 이런 사람들은 동료들을 정말 좋아한다. 동료들에게 도움 을 구하고, 또 도움이 필요한 동료를 도와준다. 그들 사이에는 진정한 동지애와 단체정신이 존재한다.

안타깝게도 이런 예는 내가 듣는 다른 끔찍한 이야기들, 예를 들어 동료들 간의 성격 차이로 인한 충돌 및 상호 지원 부족 등 의 경우와 큰 대조를 이룬다. 많은 사람들은 자기 자신만을 생 각하고 자신의 이익만을 보호하려 한다. 지난 몇 년간 많은 조 직에서는 상황이 더 나빠져서 급기야 안하무인, 고함 및 언어폭 력으로까지 악화되었다. 많은 직장인들은 회사 내에서 받는 괴 롭힘, 협박, 육체적·정신적 위협 행위에 대해 불만을 토로한다. 이러한 상황에서 오는 스트레스는 감정적·육체적인 피해를 초 래한 이후에는 해결하기 힘들다. 결국 사람들은 스트레스로 인 해 탈진하거나 직장을 떠난다.

시간의 압박

사람들은 업무, 보고서 및 프로젝트의 최종 기한에 끊임없이 쫓긴다. 일은 너무나 많은데 시간은 터무니없이 적다. 그래서 비현실적인 최종 기한에 맞추기 위해 시간과 끊임없는 경주를 벌여야 한다. 어떤 직원들은 당면한 업무를 처리하고 발등에 떨어진 불을 끄느라 바빠서 정작 중요한 임무를 끝내지 못하는 경우도 있다. 그러면 상사는 일을 완수하지 못한 것에 대해 책임을 추궁한다.

그 결과 직원들은 이 위기에서 저 위기를 오가며 살아간다. 이런 생활은 명료하게 사고하고 올바른 결정을 내릴 수 있는 능력을 손상시키기 때문에 결국 직원들의 실수도 더 많아지고 사고가 일어날 확률도 높아진다.

어떤 직장인들은 폭발 직전의 압력밥솥과도 같은 상태에 이르기도 한다. 현 시대의 대표적인 표상은 신조어에서도 찾을 수 있다. 바로 '책상 분노desk rage'와 '전화 분노phone rage'*이다. 하루 일과를 마감하면서 많은 직장인들은 육체적으로나 정신적으로 녹초가 된다. 시간의 압박 속에서 근무할 때 생길 수 있는 대표적인 증상은 위와 목의 근육 경직, 소화불량, 심장 두근거림, 신경과민, 무기력증, 불안증, 분노, 적대감, 불면증, 두

---

* 심각한 교통체증이나 다른 사람의 난폭 운전 등에서 비롯되는 짜증과 분노를 뜻하는 '노상 분노road rage'를 사무실 내에서 사소한 이유 때문에 발생하는 폭발적인 분노의 표출과 연관시켜 만든 말

통 및 기력 쇠진 등이다.

고용 불안

직장 내의 끊임없이 격변하는 환경은 많은 직장인들에게 지속적으로 스트레스와 불안감을 준다. 합병, 인수, 감량 경영, 외주 등으로 인해 직장인들은 엄청난 부담감을 느낀다. 지난 몇 년간 많은 일자리가 사라진 상황을 볼 때, 이제 직장인들에게 스트레스를 주는 주요한 요인은 바로 해고를 당할지도 모른다는 두려움이다. 나는 세미나를 열 때면 종종 청중에게 직업과 관련해서 가장 큰 고민이 무엇인지 물어본다. 결론을 말하자면 고용 불안은 항상 상위 3위권에 들었다.

전망 없는 직장

직장에 대해 안정감을 느끼는 사람들도 교육 및 자기 계발의 기회가 없다는 점을 종종 걱정스러워한다. 즉, 자신의 분야에서 최고의 위치에 오르는 방법이나 길이 보이지 않는 것이다. 승진의 기회도 없다. 자신의 경력에 막다른 곳이 보이면 사람들은 자신의 열망을 실현할 수 없다는 사실을 깨닫고 불만을 품는다. 업무 성과의 질도 낮아지고 좌절감과 스트레스만 늘어난다. 동료들과 소원해지는 경우도 있다. 결국 그들은 꿈과 야망을 실현하기 위해 다른 직장을 찾기 시작한다.

스트레스란?

'스트레스'라는 용어는 1900년대 초반 인간의 생리 및 심리적 변화를 유발하는 상황을 정의하기 위해 처음 사용되었다. 하지만 스트레스는 그 형태가 매우 다양하기 때문에 정의하기 힘든 대상이며, 스트레스를 느끼는 방식 또한 사람마다 다르다. 스트레스는 그때그때의 상황에 따라 해로울 수도 있고 도움이 될 수도 있다. 스트레스가 유익하게 작용하는 경우는 스트레스를 받은 사람이 일의 성과를 높이고 인생에 변화를 만들어낼 때이다. 만약 사람들에게 스트레스가 전혀 없다면 역할을 올바로 수행할 수 없을지도 모른다.

나는 세미나에서 참가자들에게 스트레스란 무엇인지 정의해보고 직장에서 스트레스를 받는 가장 큰 원인이 무엇인지 이야기해달라고 청한다. 물론 모두들 스트레스를 다르게 정의하며, 스트레스의 가장 큰 원인으로 똑같은 이유를 들지도 않는다. 사람들은 각기 다른 원인 때문에 스트레스를 느끼고, 또 이에 반응하는 방식도 제각각이다.

스트레스에 대한 정의가 어떠하든 모든 스트레스는 크게 두 부류로 나누어지는 것 같다. 바로 자극과 반응이다(Matteson & Ivancevich, 1987). 스트레스는 우리에게 닥치는 상황이나 사건처럼 자극이 될 수 있다. 사건은 자동차 사고나 직장 내에서의 말다툼, 해고, 사랑하는 사람의 사망과 같이 육체적일 수도 있

고 감정적일 수도 있다. 또한 스트레스는 그 사건에 대한 생리
적이고도 심리적인 반응일 수 있다. 심지어 승진에서 탈락할 가
능성과 같이 일어날지도 모른다고 걱정하는, 인지하지만 실재
하지 않는 대상에 대한 반응일 수도 있는 것이다. 어떤 경우에
는 인지된 것이 현실보다 더 많은 영향을 미치기도 한다. 그 사
건이 실지로 일어나지 않으리라는 사실은 중요하지 않다. 그저
그럴 수 있다는 생각만으로도 스트레스 반응이 일어날 수 있기
때문이다.

스트레스는 자기 스스로 세운 기준 때문에 생기기도 한다. 완
벽주의자나 아니면 남들에게서 호감을 받아야 직성이 풀리는
사람이 그 예이다. 어떤 이들은 무엇을 해도 만족스럽지 못하기
때문에 완벽하게 일을 끝낼 때까지 반복하거나 고친다. 또 다른
어떤 이들은 남의 기분을 맞춰주거나 호감을 사기 위해 평생을
노력하며 보내기도 한다. 이처럼 자신에게 엄청난 압박을 가함
으로써 완벽을 추구하거나, 자신에 대해 지나치게 큰 기준을 세
움으로써 모든 사람들에게 인정을 받으려는 것이다. 즉, 스스로
에게 불가능한 일을 요구하는 셈이다.

한편 스트레스는 긍정적인 상황에 대한 반응일 수도 있다.
예컨대, 새 집으로 이사를 간다든지, 승진을 한다든지, 또는 결
혼을 앞둔 자녀가 있는 경우이다. 이럴 때 어떤 이들은 두려워
하거나 걱정스러워하고, 어떤 이들은 그 일 자체를 감당하지
못하기도 한다. 스트레스는 우리에게 육체적으로나 정신적으

로 추가적인 부담을 준다. 이 책에서는 특정 반응을 유발하는
상황이나 사건으로부터 비롯된 우리의 반응을 스트레스라고
정의하겠다.

투쟁·도피반응

같은 스트레스 요인이라 해도 저마다 다르게 반응하게 된다.
어떤 사람에게는 스트레스가 되는 상황이 다른 사람에게는 흥
분과 도전 의욕을 불러일으킬 수 있다. 예를 들어, 비행기에서
낙하산만 달랑 메고 수십 Km를 낙하하는 행위가 어떤 이들에
게는 몸서리쳐지게 끔찍한 일인 반면 다른 이들에게는 아무렇
지도 않을 수 있다. 이처럼 스트레스 요인에 반응하는 양상은
사람들의 성격과 적응 방식에 따라 달라진다. 또한 이런 반응은
유전적인 요인, 성장 과정, 생활 방식, 신체 조건, 그리고 매일
경험하는 스트레스 요인과 그 상황의 영향을 받는다.

스트레스에 대한 신체의 반응을 주제로 한 연구는 모두 같은
결론을 시사한다. 즉, 스트레스에 대한 인간의 반응은 전반적으
로 공통된 점이 많다는 사실이다. 개인마다 스트레스 요인이 각
각 다르고 스트레스 수위 및 그 영향도 다르게 나타나지만, 스
트레스 요인이 부정적인 영향을 미칠 때의 반응은 대부분 대동
소이하다. 하버드 대학 의학박사인 월터 캐논은 처음으로 1920
년대에 스트레스에 대한 생물학적 반응을 '투쟁-도피 반응fight
or flight response'으로 설명했다(Cannon, 1929).

원시인들이 사나운 짐승, 화재 및 홍수와 같은 위험에 맞닥뜨렸을 때 취하는 행동은 두 가지밖에 없었다. 즉, 싸우거나 도망가는 것이다. 그리고 그들이 선택한 방법에 맞게 적응하도록 신체의 생화학적 반응이 뒤따랐다. 그야말로 생존을 위한 놀라운 적응 능력이라 할 수 있다.

이 투쟁-도피 반응이 일어나는 동안 우리 몸의 부신은 아드레날린을 혈류 속으로 분비해 신체가 위협에 맞서도록 준비시킨다. 즉 신체가 행동을 취하도록 준비시키는 것이다. 또한 에너지 레벨을 높이기 위해 코르티코스테로이드와 같은 호르몬도 혈류로 분비된다. 심장이 빠르게 뛰면서 근육에 혈액 및 산소의 공급이 증가되고 혈압도 높아진다. 호흡은 급격하게 빨라지지만 실제로는 점점 얕아진다. 신체가 에너지를 내기 위해 필요한 당과 지방을 근육으로 돌릴 수 있도록 소화율이 낮아지면서 소화 흡수를 늦춘다. 신체가 동작을 취할 준비를 함에 따라 근력이 증가하고, 체온을 정상 범위 내로 유지하기 위해 발한 작용이 증대한다.

이러한 신체 반응은 수세기에 걸쳐 유전되어 오면서 인류의 생존을 도왔다. 그러나 현대 사회를 사는 우리에게도 똑같이 일어나는 이 생화학 반응은 예전만큼 유용하지 못하다. 현대의 삶에 적합하지 않기 때문이다. 투쟁-도피 반응은 우리의 일상에서 일어나는 상황, 도전 및 골치 아픈 일을 다루기에는 비효과적이다. 물론 도망치거나 맞서 싸워야 하는 경우도 있지만 생명이 걸린 일이 아닌 이상 그런 반응은 적절하지도 허용되지도 않는다. 그러나 스트레스를 받으면 우리의 신체는 수천 년 전에 원시인이 그러했던 것처럼 여전히 행동을 취할 준비 상태에 들어간다.

원시인이 받는 스트레스 요인과 오늘날 이 광란의 소용돌이 같은 현대를 사는 우리가 받는 스트레스 요인의 수를 잠시 비교해보자. 우리는 원시인보다 더 자주, 더 오랜 시간 동안 스트레스를 받는다. 게다가 오늘날 우리에게 영향을 미치는 수많은 스트레스의 요인은 육체적이기보다는 감정적이고 심리적인 경우가 많다. 그러나 우리의 신체가 정상적으로 기능할 수 있는 범위 내에서 받아들일 수 있는 스트레스에는 한계가 있다. 우리의 육체와 정신은 장시간 계속되는 만성적인 스트레스 속에서는 건강한 상태를 유지할 수 없다. 따라서 스트레스에 대해 조치를 취하지 않는다면 그 결과는 병, 만성 질환, 그리고 사망으로 이어질 수 있다. 바로 이것이 스트레스를 통제해야만 하는 이유이다.

일반적응 증후군

내분비학자인 한스 셀리에 박사는 스트레스에 관한 연구와 교육의 창시자로 알려져 있다. 셀리에 박사는 1930년대부터 1970년대 후반까지 몬트리올의 맥길 대학에서 스트레스에 대한 연구 및 저술 활동을 했다. 그는 스트레스를 주제로 수백 개의 연구 논문과 30권이 넘는 저서를 남겼다. 셀리에 박사의 연구에

의하면 인간의 신체는 추가적으로 부담을 주는 자극에 대해 특정한 양상의 반응을 보인다고 한다. 그는 이 반응을 '일반적응 증후군(General Adaptation Syndrome: GAS)'이라고 명명했다(Selye, 1976).

셀리에 박사에 의하면 이 신체 및 정신적인 반응은 구체적으로 세 가지 단계, 즉 경고 반응, 저항 그리고 소진의 단계를 거친다.

신체가 스트레스 요인에 노출될 때가 경고 반응 단계이다. 이 단계에서 사람들은 당황하고 정신적인 혼란에 빠진다. 신체는 강력한 호르몬을 혈류 속으로 보내 스트레스에 맞서 싸울 준비를 한다. 그 결과 맥박이 빨라지고 호흡이 가빠진다. 그리고 신체가 행동을 취할 준비를 하면서 근육의 긴장도도 높아진다. 이러한 방어 체제 덕분에 스트레스 요인을 극복할 수 있는 것이다.

저항 단계에서는 혈액 속에 호르몬이 다량으로 분비된다. 신체는 스트레스에 맞서 싸우기 위해 적응한다. 이 적응은 개별적인 기관 혹은 기관계 전체에 걸쳐 일어날 수도 있다. 그러나 스트레스가 심하게 지속되면 종종 개별 기관이나 기관계에 질병을 초래한다. 또한 스트레스가 심하면 불안해지고 피곤함을 느끼며 종종 분노를 느끼기도 한다.

마지막 단계는 소진이다. 심한 스트레스가 지속되면 기관 조직과 기관계가 붕괴될 수 있다. 따라서 장시간 지속된 스트레스는 심각한 질병 내지 사망을 초래할 수 있다. 셀리에 박사는 스트레스에 대항하는 데 사용하는 적응 에너지의 양에 한계가 있다고 결론을 내렸다. 이 적응 에너지가 고갈되면 반드시 그 에너지를 재충전할 방법을 찾아야 한다. 그렇지 않으면 소진과 죽음이 뒤따른다(Selye, 1976).

투쟁-도피 반응과 일반적응 증후군의 세 단계를 거치는 빈도가 높을수록 우리의 몸은 더 지친다. 신체가 행동을 취하기 위해 자주 긴장하고 적응 에너지를 소모할수록 그 피해는 더 크다. 그렇게 되면 어느 순간 신체는 더 이상 정상적으로 기능할 수 없게 된다. 에너지를 재충전할 방법을 찾지 않으면 소진은 몸과 마음에 큰 피해를 주고 무기력, 쇠약, 노화를 거쳐 결국 죽음에 이른다. 따라서 날마다 자신의 에너지를 정상적인 수준으로 재정비하는 방법을 찾는 일이 매우 중요하다. 우리는 반드시 몸과 마음의 균형과 평형을 되찾아야 한다.

당신이 피곤한 이유

스트레스를 통제하려면 먼저 부정적인 스트레스 요인이 초래하는 결과와 우리가 그 스트레스 요인에 반응하는 방식을 이해해야 한다. 스트레스는 심장병, 뇌졸중, 암, 호흡기 질환, 관절염, 위장병, 불면증, 심리적 이상 장애(우울증, 자살 등), 심신

정신적·감정적 증상	부정적 태도, 걱정, 강박관념, 두려움·공포, 슬픔, 화를 잘 냄, 화·분노, 습관성 건망증, 외로움, 혼란, 집중력 부족, 우유부단함, 의기소침, 불면증, 악몽, 우울증, 자살
육체적 증상	근육 긴장·근육통, 근육 경련, 두통, 편두통, 턱의 긴장, 이 갈기, 피로·소진, 변비, 설사, 소화불량, 궤양, 몸의 떨림, 천식, 심계항진, 고혈압, 얕고 빠른 호흡, 사고가 일어나기 쉬움

증, 피부병, 만성 통증 등을 일으킨다(【1.1】 참조). 이 모든 질병의 발생을 스트레스와 연결시키거나 스트레스가 이 질병들의 유일한 원인이라고 말하려는 것은 아니다. 그러나 나는 스트레스가 질병을 일으키는 데 결정적인 역할을 한다는 사실을 간략하게나마 설명하는 것이 독자들에게 도움이 되리라고 믿는다. 이러한 지식을 갖추면 스트레스를 줄이기 위해 노력을 기울여야겠다고 마음먹을 수 있기 때문이다.

순환계

심장병은 미국에서 가장 큰 사망 원인이다. 미국 심장협회에 따르면 약 1300만 명이 관상동맥 질환을 앓고 있고, 약 50만 명이 매년 심장마비로 사망한다고 한다. 심리적 상태가 심장병에 큰 영향을 미친다는 사실을 보여주는 증거도 매우 많다. 사람들은 걱정, 두려움, 분노에 휩싸여 있을 때 심장병에 걸릴 확률이 높다. 직장에서 이런 감정을 느끼는 경우가 종종 있는 만큼 스트레스에 대처하지 않으면 심장병에 걸릴 확률이 높아진다.

우리의 심장은 규칙적인 리듬으로 뛰면서 혈액을 나르고 혈관 벽에 압력을 가한다. 뇌는 심장과 연계하여 심장박동수와 혈압을 가능한 한 최저로 유지한다. 부정적인 상황(두려움, 걱정, 근심 등)이 예견되거나 실제로 그 상황에 처하면 호르몬은 심장박동수를 높이고 이에 따라 혈압이 자동적으로 높아진다. 심장은 맞서 싸우거나 도피할 준비를 하기 위해 중요한 기관에 더 많은 혈액을 보낸다. 이때 혈압이 높아지지만 느껴지지 않으므로 우리는 체내에서 혈압이 상승하고 있다는 사실을 모른다. 대부분의 경우 부정적인 감정이 사라지면 혈압은 다시 정상 범위로 되돌아온다.

문제는 장시간 스트레스에 노출되어 혈압이 계속 높은 상태로 유지될 때 생긴다. 혈압이 계속해서 높은 수준을 유지하면 고혈압 증상이 나타난다. 심장은 혈액을 순환시키기 위해서 더 강하게 작동해야 하고 이로 인해 심장마비나 뇌졸중이 발생하기 쉽다.

스위스에서 게오르그 놀 박사가 동료들과 실시한 최근의 연구는 스트레스와 심장마비 전 단계인 동맥경화 사이에 뚜렷한 관련성이 있음을 증명하였다. 환자들은 스트레스 테스트를 받자 혈관이 수축하고 혈류장애가 일어나면서 혈압과 심장박동수가 높아졌다(Noll et al., 2002).

순환계는 모든 에너지를 세포로 보내 세포가 생명을 유지하고 성장하며 증식하게 하는 한편 세포의 노폐물을 거두어 제거한다. 이러한 작용은 인간의 생존에 필수적이므로 장애가 생기면 안 된다. 스트레스를 받으면 우리의 뇌는 내분비계와 심장계에 명령을 내려 심장과 혈관이 더 많은 활동을 하게 한다. 그리고 스트레스와 관련해 분비된 추가적인 호르몬이 혈액 속에 잔존하면서 혈액을 따라 몸 전체를 순환한다.

추가적인 에너지를 내도록 근육으로 보내는 지방은 혈관을 따라 순환하다가 혈관 속에 침착하여 혈전으로 커질 수 있다. 이것이 시간이 지나면서 혈관을 좁게 만들고 결국은 혈관을 막는다. 이것이 바로 동맥경화증으로 알려진 병이다. 이 혈관 폐색이 관상동맥에서 생기면 심장발작이 된다. 혈관 폐색은 뇌나 신장 같은 다른 기관에서도 일어날 수 있다. 혈압이 높으면 이러한 질병이 발생할 위험도 높다고 볼 수 있다.

뇌졸중

미국 심장협회에 따르면 미국인들은 1분에 한 명씩 뇌졸중을 일으킨다고 한다. 뇌졸중보다 더 큰 사망 원인은 심장발작과 암뿐이다. 뇌졸중의 가장 흔한 사례는 뇌혈관이 막힌 경우로, 체내의 어느 혈관 내부를 찢고 나온 혈전이 뇌로 흘러들어가면서 일어난다. 이 혈전이 뇌로 흐르는 혈액의 흐름을 막는 것이다.

미시간 대학의 연구원들과 핀란드의 박사들이 핀란드 남성

2300명을 대상으로 공동 연구를 실시했다. 연구원들은 실험자들을 다양한 스트레스 요인에 노출시키고 노출 전후의 혈압을 측정한 다음 그들을 11년간 추적 관찰하였다. 그 결과 놀랍게도 스트레스 요인 때문에 혈압이 올랐던 남성들은 같은 스트레스 하에서 혈압이 낮았던 사람들에 비해 뇌졸중에 걸릴 위험이 무려 72%나 더 높았다(Everson et al., 2001). 이 연구가 시사하는 바는 스트레스가 혈압 상승, 심장병, 그리고 뇌졸중과 연관되어 있다는 사실이다.

근육과뼈

스트레스를 받으면 투쟁-도피 증후군에 따라 신체가 반응할 준비를 하기 때문에 우리 몸의 근육은 긴장하게 된다. 그 위협이 실재하든 느낌이든 신체는 이런 식으로 반응한다. 항상 긴장되어 있는 근육은 수축되고 짧아진다. 짧아진 근육은 인대, 힘줄, 관절을 늘이면서 통증을 유발한다. 근육 또한 약해지고 마비되며, 두통(편두통)과 요통 및 목, 어깨뼈, 무릎과 같은 신체 여러 부위에서 통증이 나타난다.

위장계

스트레스는 위장계에 엄청난 피해를 입힌다. 스트레스가 심하면 침샘은 침의 분비를 멈추거나 과도하게 분비하는 이상 증상을 보인다. 위에서는 분비되는 산이 많아져 위산 과다, 구역질 및 궤양을 초래한다. 스트레스를 받았을 때 나타나는 가장 흔한 증상은 설사이며, 위경련도 많은 사람들이 호소하는 증상이다.

면역계

면역계는 외부로부터 침입한 병원균을 포착하고 파괴하는 방어 기능을 수행한다. 따라서 이 계통이 스트레스를 받으면 면역력이 약해져 감기나 독감 그리고 다른 종류의 균에 감염된다. 줄리 키콜트-글레이저와 로널드 글레이저는 많은 연구 조사를 통해 스트레스와 면역계 사이의 연관성을 보여주었다. 그 연구의 실험 대상자들은 수면 박탈 및 최근에 배우자가 사망한 경우와 같이 강도 높은 충격적이고 고통스런 상황에서부터 이보다 짧은 시간 동안 다소 정도가 덜한 스트레스까지, 다양한 수위로 스트레스를 받고 있었다. 그러나 모든 실험 대상자에게서 공통적으로 발견된 사실은 신체 내에서 T-세포 및 기타 항체와 같이 질병에 대항하는 특정 세포가 감소했다는 점이다(Kiecolt-Glaser & Glaser, 1993).

〈뉴잉글랜드 의학 저널〉에 처음으로 발표된 이후 널리 알려진 바 있는 또 다른 실험에서 스트레스와 감기와의 관련성이 입증되었다. 그 실험에서는 스트레스를 받은 그룹과 스트레스를 받지 않은 그룹으로 실험자들을 나누어 비강 스프레이로 코에 감기 바이러스를 뿌렸다. 그 결과 스트레스를 받은 그룹은 그렇지 않은 그룹보다 감기에 걸린 확률이 두 배 이상 높았다. 즉,

스트레스를 받지 않은 사람들은 스트레스를 받은 사람들보다 감기 병원균에 저항하는 능력이 더 컸다(Cohen, Tyrell & Smith, 1991).

천식

정상적인 편안한 조건에서 숨을 쉴 때는 호흡이 규칙적이다. 가슴 근육은 이완되고 횡격막이 오르내리면서 폐에 공기가 자유롭게 들어왔다 나간다. 기관지는 풍선같이 생긴 작은 주머니인 폐포로 나누어지는데, 이 폐포는 폐 전체에 공기를 순환시킨다.

천식은 대부분 특정 알레르기 항원에 의해 발병되지만 알레르기 항원이 아닌 원인, 즉 스트레스, 두려움, 피로, 불안감 등에 의해서도 유발될 수 있다. 천식을 일으키는 이유에 심한 스트레스가 관련된 경우가 많이 보고된 바 있다. 가족의 사망, 자동차 사고, 심지어 치과에 가는 일도 심한 천식을 유발할 수 있다.

천식이 발병하면 보통 가슴 근육이 죄어들기 시작하고, 호흡은 빨라지는 동시에 얕아진다. 극단적인 스트레스를 받은 경우에는 기관지가 조여질 수도 있는데, 이런 경우 폐포가 조여들면서 산소의 정상적인 흐름이 줄어든다. 기관지의 내면이 부풀어오르면서 염증을 일으키고, 두터운 점액이 차서 색색거리는 소리가 난다. 이런 증상으로 인해 호흡이 곤란해진다. 각 호흡마다 들어오는 공기가 줄어들면서 몸 전체가 스트레스를 받게 된다.

암

스트레스만으로 암이 유발되는 건 아니다. 스트레스와 암 사이의 연관성을 결정하는 기타 많은 요인들이 존재하기 때문이다. 그러나 안 좋은 상황에 노출된 경우 스트레스는 비정상 세포의 증식을 막는 면역계의 능력을 약화시킨다. 스트레스가 면역계를 약화시키는 과정과 시기에 관한 조건을 알아내기 위한 많은 연구가 한창 진행 중이다.

암은 체내의 정상 세포가 비정상 세포 혹은 악성 세포로 변할 때 발생한다. 이 세포들은 통제할 수 없는 방식으로 증식하여 결국 정상 세포를 압도한다. 보통의 경우 백혈구가 충분하다면 이러한 이상 성장에 대항할 수 있다. 그러나 심한 스트레스를 계속 받게 되면 혈류 내의 특정 호르몬이 감소하고, 이것이 백혈구 수를 감소시켜 암세포를 파괴하는 능력이 떨어진다. 이렇게 되면 암세포가 계속 증식하고 종양이 생길 확률이 급증한다.

우울증

우울증이 스트레스만으로 유발되는지는 확실하지 않다. 어떤 우울증은 화학적 불균형과 관련이 있고, 또한 유전적인 원인으로 발생하는 경우도 있기 때문이다. 그러나 우울증이 스트레스에 동반되는 증상이라는 점을 부인할 수는 없다. 즉, 우울증은 기분이 가라앉거나 슬픈 상태가 만성적으로 지속되는 것이 특징이다. 또 몸이 약해지고 긴장되며 정신을 집중할 수가 없다.

즉, 어떤 일을 할 만한 에너지와 흥미가 완전히 결여된 상태이다. 우울증에 걸린 사람은 침대에서 나오지도 않고 잠만 자려고 하는 행동을 나타내기도 한다. 우울증은 직장에서 일어난 사건들과 관련된 경우가 종종 있다. 판매 부진, 승진 누락, 타인과의 계속되는 갈등 및 근로 환경의 변화 등이 그 예이다.

심신증

심신증은 정신의 부정적인 사고 과정에 의해 신체가 직접적으로 영향을 받아 생기는 병이다. 개인의 부정적인 정신 상태는 질병에 대한 저항 능력을 감소시켜 질병이 신체에 영향을 줄 수 있는 통로를 열어놓는다. 당신이 매일 스트레스를 받는 상황에서 자신에게 하는 말은 신체의 반응에 지대한 영향을 미친다. 이것은 당신에게 무슨 일이 일어났느냐의 문제라기보다는 그 상황에서 정신적으로 어떻게 반응하는지, 그리고 어떻게 대처하는지의 문제이다. 정신과 몸의 연관성에 관한 이야기는 8장에서 더 자세하게 설명해놓았다.

 타버릴 것인가, 살아남을 것인가?

새로운 현상이랄 것도 없지만 각 직업 고유의 업무 특성에서 비롯되는 탈진은 이제 현대인이 받는 지속적인 스트레스의 부산물이 되었다. '탈진은 직장에서 스트레스가 해소되지 않을 때 발생하는 심리적 과정으로, 그 결과는 감정적 소진, 비인격화, 성취감 저하이다(Matteson & Ivancevich, 1987).'

직장에서 발생하는 탈진 증상은 하루 업무를 시작하기 전, 업무 중, 또는 업무 후에 느끼는 정신과 육체의 피로감이다. 스트레스 요인이 많은 분야에서 특히 헌신적으로 장시간 일하는 사람들에게 이러한 탈진 현상이 나타난다.

미칠 것 같은 직장 스트레스

직장에서 일어나는 탈진의 원인에는 여러 가지가 있다(【2.1】 참조). 다음에 사례로 소개되는 이야기들은 우리 주변의 사람들에게서 흔히 일어나는 직업상 탈진에 대한 실화이다.

【2.1】 직장에서 탈진하는 요인

까다로운 상사, 촉박한 시간, 과도한 업무량, 안전치 못한 근무 환경, 고용 불안, 정책과 절차의 미비, 지나치게 엄격하거나 끊임없이 변경되는 정책과 절차, 혜택 감소, 역할의 모호함 및 갈등, 훈련 부족, 의사소통 부족, 피드백 부족, 지원 부족, 능력 인정 부족, 고용인 참여 제한, 승진 기회 제한, 직업적인 성공을 위한 경로 부재, 동료들 간의 갈등, 반복적인 임무 및 활동, 인력 축소

사례 1

톰은 자신의 직업을 사랑하는 중학교 수학 교사이다. 똑똑한 데다 재능까지 갖춘 그가 가르치는 학급은 수업 참여도와 학업 성취도가 높은 전형적인 상급반이었으며 학생들도 예의가 발랐다. 한때 톰은 올해의 교사로 뽑힌 적도 있었다. 동료 교사, 학부모, 학생들 모두가 그를 존경하고 사랑했으며, 교장과의 관계도 매우 원만했다.

15년 후 톰의 학교 교장은 은퇴를 결심하게 되었다. 그의 뒤를 이어 새로 부임한 교장은 몇 가지 변화를 시도했다. 그녀는

수학 성적이 저조한 학생들의 성적을 올리고 싶었다. 그래서 17년간 즐겁고 보람찬 교사 생활을 해온 톰에게 새로운 임무를 맡겼다. 그것은 공부하기 싫어하는 학생들에게 기초 수학을 가르치는 일이었다.

톰은 처음에는 내키지 않았지만 의욕을 가지고 그 일을 맡았다. 그러나 앞에서 기다리고 있을 난관에 대해서는 상상도 하지 못했다. 톰은 항상 학생들에게 예습을 하고 배우고자 하는 의욕을 가지고 수업에 임하도록 가르쳐왔다. 그러나 이 학급의 첫 수업 날, 아연실색할 일이 벌어졌다. 학생들은 톰이 한 번도 겪어본 적이 없는 무례한 행동을 하기 시작했다. 어디까지 막 나가도 되는지 알아보기 위해 한계를 시험해보는 듯했다. 보다 못한 톰이 태도가 불량한 몇몇 학생을 교장실로 보내자 교장은 오히려 학생들을 다루는 방법을 모른다고 그를 비난했다.

몇 주가 지나자 톰은 매일 일과가 끝나면 좀처럼 가시지 않는 피곤함을 느끼기 시작했다. 전에는 없었던 편두통이 생겼고, 아침마다 침대에서 일어나기가 힘들었으며, 일을 하러 갈 때는 속이 메스꺼웠다. 방과 후 활동에도 더 이상 참여하지 않았고, 아내와 자주 다퉜으며, 세 자녀에게도 심하게 대했다. 톰에게 직업상 탈진의 전형적인 증상이 나타나기 시작한 것이다.

사례 2

변호사의 비서로 5년간 일해온 로사는 자신감도 있는데다 그

간의 경력을 자랑스러워했다. 그녀는 자신이 보좌하고 있는 변호사가 맡은 사건에 관심이 많았고, 언젠가 대학에 진학해서 변호사가 되겠다는 꿈도 갖고 있었다. 그러나 회사에서 그녀에게 다른 변호사의 보좌 일을 맡기면서 상황은 달라지기 시작했다.

그 변호사는 복잡한 사건을 많이 다루었다. 게다가 두 명의 변호사를 위해 일하는 로사를 이 새로운 변호사는 마치 노예처럼 다루었다. 그녀는 하루에 12시간에서 14시간을 일하면서 일 외에는 아무것도 할 시간이 없었다. 열두 살짜리 딸을 혼자 키우는 어머니로서 그녀는 딸과 함께 보낼 시간조차 거의 없었다.

그녀는 관리자에게 이 사실을 이야기하기가 두려웠다. 그녀의 회사는 직원들에게 강한 헌신과 책임감을 요구했기 때문이다. 게다가 변호사 비서직은 취업 기회를 얻기 힘든데다 로사의 직장은 업계에서 인정받는 회사여서 그녀 외에도 그 일을 하고 싶어 하는 사람이 많았던 터였다.

로사는 마치 덫에 걸린 느낌이 들었다. 항상 감기에, 쉰 목에, 사무실에서 걸릴 수 있는 병이란 병은 모두 달고 사는 것 같았다. 그 때문에 일에 적응하는 것이 더 어려워졌다. 몸이 아파서 하루를 쉬면 일은 그만큼 쌓여갔다. 그만큼 잠도 충분히 잘 수 없었고 항상 심한 피로감에 시달렸다. 결국 일을 하면서 실수를 하게 되었고, 매우 양심적이었던 그녀는 자신의 능력에 부정적인 생각을 가지게 되었다. 때때로 화장실에 들어가 울음을 터뜨리는 일도 생겼다. 너무나 우울했던 것이다. 결국 그녀는 멍한 상태가 되었다. 어떤 일에도 집중할 수 없었다. 그저 사무실에 앉아서 서류 한 장을 30분 동안 멍하니 쳐다볼 뿐이었다.

드디어 최후의 심판일이 왔다. 모든 직원들이 자신이 맡은 업무에 관해 진행 보고를 하는 월례 직원회의가 열린 것이다. 로사는 보고할 건이 하나도 없었다. 한 달 동안 중요한 일은 전혀 하지 못한 터였다. 직원회의가 있던 날 오후, 그녀는 사무실에서 도망치듯 나왔다. 그리고 다시는 돌아갈 수 없었다. 그녀는 자신이 해고당하리라는 것을 뻔히 알고 있었다.

사례 3

한 작은 여행사의 사장인 브래드는 그 지역에서 인기 많은 유명 인사였다. 그는 지역 문제에 적극적으로 참여했고, 여행과 관련된 많은 행사의 기획을 도왔다. 그는 사업으로 많은 돈을 벌진 못했지만 자신과 아내가 편히 생활하고 할인된 여행을 갈 수 있을 정도의 수입은 벌어들이고 있었다. 그를 위해 일하는 다른 여행사도 세 곳이나 있었다. 그러나 호경기가 지나고 상황은 바뀌기 시작했다. 항공사가 여행사와 거래해오던 방식을 바꾸고 발매된 항공권 한 장마다 지급하던 수수료를 대폭 삭감하기로 결정한 것이다.

할 수 없이 브래드는 고객에게 항공권 발매 서비스료를 부과하기 시작했다. 그러자 그의 고객들, 특히 거래 업체들이 비용 부담을 피하기 위해 그와의 거래를 중단하고 항공사와 직접 거래하기 시작했다. 이로 인해 그가 벌어들이던 순수익의 40%가 줄었다. 급기야 그는 직원 두 명을 해고하고 그들의 일까지 떠맡아야 했다. 스트레스가 너무 심했던 그는 탈진의 감정적·육체적 증상을 보이기 시작했다. 그는 기력이 쇠한 나머지 실수를 저지르고 오랜 단골 고객들을 화나게 했다.

몇 달 후에 할인 여행 웹사이트가 생기기 시작하면서 브래드의 사업은 더욱 기울었다. 27년간 여행사를 운영해온 그는 이제 사업을 포기해야 할 사태에 봉착하고 말았다. 브래드는 여행사를 매각하려고 시세를 알아보았지만 회사의 가치는 너무나 떨어진 상태였다. 그의 인생은 갑작스런 종말을 향해 치달으면서 산산조각이 났다.

브래드는 그 상황을 받아들이기가 힘들었고 스트레스를 이겨낼 수가 없었다. 그는 술을 마시고 진정제를 먹기 시작했다. 한때 부드럽고 행복했던 사람은 오간 데 없고 이제는 화만 내고 멍한 상태에서 갈팡질팡하는 사내만 남았다. 게다가 사업과 관련된 결정에서 큰 실수를 저지른 그는 부하 직원에게 사실상 여행사를 빼앗기게 될 지경에까지 이르렀다. 뿐만 아니라, 점차로 사람들을 멀리하고 우울함에서 벗어나지 못하면서 아내와도 소원해졌다. 브래드는 급기야 이혼을 하게 되었고, 모든 친구와 가족을 뒤로하고 다른 곳으로 떠났다. 결국 그는 이 비극을 이겨내지 못했다. 그는 현재 이동 주택 주차장에서 사회복지수당을 받으며 소외되고 외로운 생활을 하고 있다.

탈진의 위험

앞에서 소개한 톰, 로사, 브래드의 이야기는 직장인들이 경험하는 탈진의 몇몇 예로서, 감정 작용의 쇠퇴가 에너지 레벨의 하락으로 이어지는 과정을 보여준다. 그들은 만성피로에 시달렸고, 질병에 대한 저항력도 줄어들었다. 탈진한 사람들은 열의를 잃어버리고 일과 주변 사람들에 대하여 부정적인 태도를 갖게 된다. 꼭 필요할 때를 제외하고는 아예 모든 대화를 피하기도 한다.

탈진한 직장인들은 냉소주의, 비관주의, 절망감이라는 나약한 감정을 키운다. 그들에게는 그저 하루를 무사히 보내는 것이 유일한 목표이다. 뿐만 아니라 자신들이 더 이상 직장에서 기여를 할 수 없고 성취도 할 수 없다고 느낀다. 그들은 자기 회의에 빠져드는 것이다. 일을 끝내기 위한 열의나 노력도 줄어들게 된다. 직장에서 마음이 떠났으므로 생산성도 떨어지고 지각과 결근이 잦아진다. 쉬는 시간이 길어지고, 커피 자판기나 정수기 근처에서 어슬렁거리는 시간이 늘어나며, 일을 자꾸 미룬다.

탈진한 사람들의 육체적·정신적 탈진 증상은 집에까지 이어져 가정생활에 악영향을 미친다. 게다가 집에서, 가족의 기대에서, 가족 간의 갈등에서 스트레스를 받는다면 탈진 정도는 더욱 심해진다. 맞벌이를 하는 부부라면, 특히 부부가 모두 탈진한 상태라면 문제는 더 심각하다. 탈진한 사람은 가족에게서 멀어지기 시작한다. 결국 탈진의 정점에 도달한 사람은 정상적인 생활을 할 수 없다. 가정이 깨질 수도 있고 이는 모두에게 더 큰 파괴적인 스트레스가 된다.

탈진의 4단계

탈진은 하룻밤 사이에 갑자기 일어나는 일이 아니다. 장시간에 걸쳐 서서히 진행되고, 그 신호와 증상을 초기에 알아챌 수 없는 경우가 많다. 많은 연구자들은 탈진을 각각의 특징이 뚜렷한 5단계로 구분 지었다(Veninga & Spradley, 1981). 나 역시 연구를 통해 탈진을 4단계로 구분하였고, 마지막 단계에서는 세 가지 선택 가능성을 제시하였다.

1단계 : 흥분 단계

첫 단계는 보통 새로운 직장 또는 직위를 얻었을 때나 새로운 프로젝트를 맡았을 때 일어난다. 열정과 넘쳐나는 에너지, 그리고 열심히 일하고 생산적이고자 하는 의지가 샘솟는 것이 이 단계의 특징이다. 이때 맡은 일은 거의 인생의 '전부이자 마지막'처럼 느껴진다. 우리는 이 단계에서 새로운 시도를 통해 성공하고자 하는 강렬한 열망을 지닌다. 이 단계의 요구들과 압력에 적응하는 사람들 중에는 수년 동안 그 흥분을 유지하는 사람도 있다. 그들은 스트레스를 관리하는 방법을 익힘으로써 다음 단계로 넘어가지 않는다. 반면 어떤 이들은 적응 에너지를 지나치게 소모해버린 나머지 지쳐서 2단계 증상을 보이기 시작한다.

2단계 : 좌절 단계

좌절 단계는 서서히 그리고 슬그머니 우리에게 닥치며, 이 단계가 지속되는 동안에도 알아차리지 못하는 경우가 많다. 2단계는 우리가 새로 맡은 일이 예상했던 것과 다른 결과를 낳을 때 시작된다. 기대도 없어지고 환멸감이 강해지면서 에너지는 떨어지고 열정은 시들기 시작한다. 일상의 피로감은 만성피로로 악화되면서 다른 사람들로부터 떨어져 있으려 하고 일을 회피하게 된다. 냉소주의, 슬픔, 혼란에 압도당하고, 자신의 능력과 직장에 대한 기여도를 의심하게 된다. 수학 교사인 톰이 2단계의 전형적인 예이다.

3단계 : 황폐화 단계

황폐화 단계는 심각한 문제에 봉착했다고 자각하는 단계이다. 피로가 소진으로 이어지고, 슬픔과 혼란은 우울증으로 이어진다. 먹고 자는 것도 힘들다. 이러한 증상에 에너지 부족과 부정적인 생각이 더해져 저항력이 감소되고 질병에 더 약해진다. 집중할 수도, 결정을 내릴 수도, 일을 완수할 수도 없다. 적응 에너지에 한계가 드러난다. 곧 어디가 아플 듯이 몸이 으스스하다. 머리, 목, 허리, 어깨에 통증이 온다. 또한 스트레스는 심장과 혈압에도 영향을 준다. 변호사 비서인 로사처럼 감정적·신체적으로 위기에 봉착한다.

4단계: 통제 혹은 탈진

마지막 단계는 '통제 혹은 탈진'이라고 이름 붙였다. 베닝가와 스프래들리(Veninga & Sparadley, 1981)가 '막다른 벽에 다다른' 것 같다고 묘사한 단계이기도 하다. 이 단계에서 우리는 절박한 절망 상태에 빠진다. 감정적으로 너무나 피폐해지고 육체적으로 허약해진 우리는 이제 중요한 선택의 기로에 있다.

하나는 심장마비나 뇌졸중, 심지어 죽음과 같은 심각한 위험을 무릅쓰기로, 즉 자신을 완전히 탈진된 현 상태로 놓아두는 방법이다. 또 다른 방법은 직장이나 직업을 바꾸는 식으로 변화하는 것이다. 세 번째 방법은 같은 직장에 계속 다니면서 치료나 상담을 받고, 효과적인 스트레스 감소 프로그램을 시작하는 것이다. 그러나 이 방법은 너무 늦을 수도 있다. 시간이 지남에 따라 회복되는 사람도 있지만 그렇지 않은 사람도 있기 때문이다.

여행사 사장이었던 브래드는 결국 회복되지 못한 사람의 전형적인 예이다. 따라서 스트레스 통제가 가능한 2단계에서 문제가 있음을 인식하고 변화를 꾀하는 일이 매우 중요하다. 2단계야말로 스트레스 감소 프로그램을 시작할 것인지 혹은 탈진을 예방할 다른 변화를 시도할 것인지 결정해야 하는 때이다.

모든 사람이 탈진으로 고통당하지는 않는다. 조직과 직위의 종류, 임금과 혜택, 이 모두가 사람들이 스트레스의 영향을 받는 방식에 중요한 역할을 한다. 동료 및 경영진과의 관계 역시 중요한 영향을 미친다. 감정적·육체적인 건강 상태도 탈진의 발생 여부에 중요한 요인이 된다. 마지막으로, 스트레스를 받은 후 일상의 스트레스를 해소하고 다음날을 위해 몸과 마음, 그리고 영혼을 재충전하기 위해 무엇을 하는가도 매우 중요하다.

생존을 위한 조언

나는 세미나를 할 때면 청중에게 변화를 위해 적극적인 노력을 기울이라고 말한다. 시도하지 않으면 아무것도 얻지 못한다. 오래된 속담처럼 '뿌린 대로 거두는 법'이다. 탈진하지 않으려면 다음 내용 중 당신에게 적용되는 부분을 최대한 실천에 옮기기 바란다. 일단 탈진의 길에 들어서면 빠져나오기 힘들기 때문이다.

현재, 일로 인한 탈진으로 고통당하고 있는가? 지금 당장은 아니지만 나중에라도 그럴 수 있다고 생각하는가? 【2.2】의 진단 문항에 답해보라. 과연 당신이 건강에 지대한 영향을 주는 위기의 기로에 서 있는지 알아보고 인생에서 어떤 변화가 필요한지 결정하라. 점수를 모두 더한 후 해당하는 결과를 읽어보라.

각 항목을 읽은 다음 자신의 느낌이나 생각을 가장 정확하게 표현한 점수를 오른쪽에 써 넣어라.

1 결코 아니다   2 거의 그렇지 않다   3 가끔 그렇다   4 자주 그렇다
5 항상 그렇다

아침에 일어나서 하루를 시작하는 것이 힘들다.
출근하는 동안 슬프거나 걱정되거나 우울하다.
아침에 혹은 점심 식사 후에 일을 시작하는 것이 힘들다.
근무 시간 동안 에너지가 부족하다.
근무 시간 중에 자주 잠이 오거나 꾸벅꾸벅 존다.
공상을 하거나 하고 있는 일에 집중하는 것이 힘들다.
근무하는 동안 다른 사람들에게서 떨어져 있으려 한다.
회의에 참석하는 것이 두렵다.
갑자기 눈물을 흘린다.
일에 압도되는 느낌이다.
자신이나 자신의 일에 아무도 신경 쓰지 않는다고 생각한다.
자신의 일이 재미없다고 생각한다.
능력만큼 임금을 받지 못한다고 생각한다.
자신의 일이 회사에 기여하지 않는다고 생각한다.
업무 만족도가 낮다.
최종 기한을 지키는 것이 힘들다.
일과 관련된 중요한 결정을 피하거나 미룬다.
퇴근할 때 기진맥진해 있다.
퇴근 후 집에서는 잠만 자거나 TV만 본다.
밤에 잠들기가 힘들다.

점수 합계

<u>86~100점</u> 스트레스가 심하고 탈진 정도가 높다. 즉시 근무 시간 중이나 퇴근 후에 스트레스 감소 프로그램을 실행해야 한다. 그렇지 않으면 병에 걸릴 확률이 높다. 심리 상담을 받아보고, 종합검진을 하지 않았다면 즉시 병원에 예약하라.

<u>70~85점</u> 스트레스 정도가 중간보다 조금 높은 상태이다. 초기 증상이 아직 나타나지 않았더라도 곧 탈진할 확률이 높다. 역시 근무 시간 중이나 이후에 스트레스 감소 프로그램을 실행해야 한다. 탈진을 예방하려면 업무 환경을 바꾸는 것에 대해 상사와 의논해봐야 한다.

<u>55~69점</u> 느끼지 못할 수도 있지만 탈진할 가능성이 높다. 매일 재충전하여 탈진을 예방하고 스트레스 감소 프로그램을 일부 시도해보는 편이 좋다.

<u>40~54점</u> 스트레스가 심하지 않고 탈진할 위험이 없다. 매일 일과 후에 그 정도를 살펴보고 필요할 때마다 스트레스를 해소하면 된다.

자가 진단

탈진 단계에 대해서 읽고 탈진 진단을 해본 것만으로도 당신은 이미 탈진에 대처하는 첫걸음을 뗀 셈이다. 이제 탈진의 원인과 결과를 이해했으니 당신의 일과 직장에 대하여 솔직한 평가를 내릴 차례이다. 변화를 일으키는 가장 좋은 방법은 우선 직장의 환경을 있는 그대로 바라보고, 왜 자신이 탈진되어 가는지 진단해보는 것이다. 스스로에게 솔직하고 사실을 부인하지 마라. 다음 사항을 자문해보라.

- 근무 환경 중 어떤 부분이 부정적인 감정과 신체적인 불편을

초래하는가?

- 내가 고칠 수 있는 환경이 있는가?
- 고칠 수 없고 받아들여야 하는 환경이 있는가?
- 고칠 수 없는 환경이라면 받아들일 만한 가치가 있는가, 아니면 직장을 떠나야 하는가?

부정적인 심리 상태를 만들어내는 근본 원인을 알아야 한다. 그 다음에 자신이 처한 상황을 그대로 수용하는 것이 정신적·육체적으로 치르는 대가만큼의 가치가 있는지를 판단해야 한다. 그만한 가치가 없다면 변화할 때이다.

긍정적으로 사고하라

다음 장에서 자세히 다루겠지만, 자신이 탈진을 할지 그리고 언제 탈진하게 될지에 대한 태도의 중요성을 인식해야 한다. 태도란 하루에 일어나는 사건들을 바라보면서 궁극적으로 그 사건들을 평가하는 방식이다. 우리는 이 사건들에 대해 긍정적 혹은 부정적 잣대를 대어 긍정적 혹은 부정적인 의미를 부여한다. 긍정적인 사고방식은 긍정적인 태도와 신념을 만든다. 자신이 처한 상황에서 좋은 점을 찾으면 집중력이 생긴다. 집중한 상태에서는 긍정적인 결정을 내리고 긍정적인 행동을 취하게 마련이다. 이런 태도를 유지하면 탈진을 늦출 수 있을 뿐더러, 탈진을 예방하는 옳은 결정을 내릴 수 있다.

부정적인 사고방식은 부정적인 태도, 신념, 감정만을 만들어 내고 나아가 부정적인 성격을 키우게 된다. 육체는 정신이 말하는 모든 것을 듣는다는 점을 명심해야 한다. 정신에 부정적인 입력이 들어갈수록 육체는 부정적인 반응을 보인다. 이 모든 것이 스트레스를 심화시킨다. 부정적인 태도를 가진 사람은 쉽게 무너지고, 더 빨리, 더 심하게 탈진해버린다.

당신의 사고 과정을 주의 깊게 관찰하라. 자신에게 무슨 말을 하는지, 그날 일어난 사건들에 대해 어떻게 반응하는지 머릿속의 생각을 들어보라. 부정적인 말을 들으면 긍정적인 말로 바꿔라. 이렇게 한다고 해서 일어난 사건들의 결과 자체가 바뀌지는 않겠지만, 하루를 마감하는 기분은 분명히 달라진다. 또한 그 다음날을 시작하는 기분도 달라질 것이다.

거절을 연습하라

업무량이 과하거나 무리하게 일하고 있다면 상사에게 자신이 맡고 있는 업무에 대하여 말해보라. 상사는 '안 됩니다'라고 말하지 않는 직원에게 더 많은 일을 주게 마련이다. 업무가 늘어나면 당연히 지친 상태가 계속된다. 따라서 사람들이 당신의 시간을 추가적으로 요구할 때 가끔은 이를 거부해야 한다. 직장을 떠난 직원들의 자리가 채워지지 않아서 당신이 그들의 일까지 해야 한다고 하자. 만일 편견 없고 이해심이 많은 상사와 일한다면 과도한 업무량이 당신의 몸과 정신 건강에 어떤 영향을 미칠지에 대해 그에게 알려줘라.

인간 관계가 중요하다

당신은 생산성을 높이기 위해 하루 종일 책상 앞에만 앉은 채 문을 꼭 닫아놓고 일하는가? 점심 식사를 동료들과 함께 하기보다는 자기 자리에서 혼자 먹는가? 동료들로부터 떨어져 있으려 하는가? 그렇다면 항상 혼자서 일을 해야 한다고 생각하지 마라. 우리에게 타인이 필요한 이유는 여러 가지가 있지만 한 가지 확실한 점은 사람만 잘 고른다면 타인은 자신에게 공명판이 되어준다는 것이다. 타인에게 화난 모습을 보인다고 당신의 약점이 노출되지는 않는다. 오히려 그는 당신에게서 인간미를 발견할 수도 있다. 타인과의 소통을 통해 우리는 새로운 통찰력과 아이디어를 얻기도 한다.

다른 사람들의 걱정과 문제에 대해 듣다 보면 자기만이 그런 생각을 하는 것이 아님을 깨닫는다. 그 깨달음을 통해 자신의 관점과 다른 새로운 관점을 얻게 된다. 타인은 우리의 정신을 풍요롭게 하고 하루를 별 탈 없이 보내도록 도와준다. 동료들, 특히 긍정적인 태도를 가진 사람들과의 인간관계는 스트레스를 없애는 데 도움이 된다. 동료들을 신뢰하지 않거나 그들을 신뢰하면 회사 내에서 불리해지는 상황이라면 당신을 진정으로 아끼는 친구나 가족들과 이야기를 나눠라. 어쨌든 긍정적인 태도를 가진 사람들과 관계를 가져야 한다.

탈진으로 고통당하는 사람 중에는 완벽주의자가 많다. 그들은 일을 끝내는 데서 만족하지 못하고 정확하게 완성하기 위해 많은 시간과 에너지를 들인다. 또한 완벽주의자들은 세상사에 대해서도 이상적인 생각을 가진다. '이래야 한다'는 당위적인 생각은 탈진으로 가는 지름길이다. 자신의 당위와 현실과의 차이에서 끊임없이 좌절하기 때문이다. 체제나 타인에게서 실수와 흠을 잡아내려 하지 말고 당신의 관점을 조율하라.

정리하라

정리가 안 된 근무 장소는 스트레스를 유발하는 주요한 원인 중 하나이다. 매일 퇴근하기 전에 책상과 근무 장소 주변을 치우고 다음날 해야 할 일들의 목록을 작성하라. 우선순위는 다음날 아침 정신이 맑을 때 정해도 된다. 하지만 다음날 출근해서 책상이 지저분하다면 시간과 에너지가 낭비되게 마련이다. 한 번에 10가지 일을 동시에 할 수 없으면서 왜 책상 위에 그 일들을 놓아두는가? 한꺼번에 많은 일이 앞에 놓여 있으면 먼저 처리해야 할 일에 집중하는 데 방해가 될 뿐이다. 나중에 해도 될 일들은 서류 파일이나 전자 파일로 만들어 치워두라. 컴퓨터 프로그램 사용법을 배운 뒤 개인 정보 보관 체계를 만들어 시간을 아끼고 스트레스를 미리 막으라.

계획을 짜고 우선순위를 정하는 일은 하루 일과에서 가장 중요한 부분이다. 항상 결과를 낼 수 있는 임무와 프로젝트에 착수하라. 직장을 유지하는 데 중요한 활동만 하라. 아직 급하지는 않다 해도 중요한 일을 먼저 하라. 이렇게 하면 일을 서두르지 않고 끝낼 수 있다. 한꺼번에 떨어지는 발등의 불을 끄느라 모든 시간을 보낼 수는 없지 않은가?

권한을 위임하라

당신이 경영자이거나 감독자라면 일과를 기록하여 자신이 매일 무슨 일을 하는지 잘 살펴보라. 구체적으로 어떤 일을 마무리 짓는가? 어떤 일이 성가신가? 이런 방식으로 당신은 자신의 에너지를 빼앗아가는 활동들이 무엇인지 파악할 수 있다. 그 다음에는 어떤 일을 위임할 수 있는지 자문해보라. 자신만이 모든 일을 정확하게 수행할 수 있다는 생각을 버려라. 분명히 어떤 일들은 반복적이고 너무 쉬워서 다른 사람들도 할 수 있다. 당신의 시간을 쓸데없이 많이 빼앗아가는 일들을 다른 이에게 위임하라. 자신이 잘하지 못하거나 질색하는 프로젝트를 위임하는 방법도 있다.

당신이 자리에 없을 때 부하들에게 결정을 내릴 수 있는 권한을 주어라. 권한 위임이란 상사가 자리에 없을 때 부하 직원이 대신 결정을 내릴 수 있는 권한과 책임을 부여하는 것이다. 부하 직원들이 당신에게 찾아와서 결정을 내려달라고 부탁한다면 그 분야는 권한 위임이 잘 되어 있다고 볼 수 없다. 그러나 적절한 훈련과 대화 없이 권한을 위임할 수는 없다. 직원들에게 어떤 일을 결정할 수 있는지에 대한 구분을 확실히 지어주어야 한다. 또한 부하 직원들은 실수를 해도 당신에게 찾아와 도움을 청할 정도로 편안하게 그 책임을 받아들일 수 있어야 한다. 업무와 권한의 위임은 더 많은 에너지를 활용할 수 있게 하는 강력한 도구이다.

몸이 보내는 신호를 체크하라

사람들은 대부분 자신의 몸이 어떤지 돌아볼 시간도 없이 일만 하느라 하루를 바쁘게 보낸다. 뿐만 아니라 일 때문에 정신이 없어서 몸이 보내는 신호를 무시한다. 자신의 몸 상태를 느껴보는 좋은 방법은 의자에 앉아 몸의 근육 하나하나를 이완시키는 것이다. 그 다음으로 몸에서 허하거나 통증이 느껴지는 부분에 집중한다. 긴장되거나 욱신거리는 근육이 있는가? 맥박을 재어보라. 맥박을 재기에 가장 좋은 부위는 오른쪽 턱 바로 아래이다. 맥박이 빠른가? 위장은 어떤가? 위가 꼬인 것 같거나 메스꺼운가? 사람의 몸은 이상이 생기면 신호를 보낸다. 당신이 주의 깊게 관찰할 시간만 있다면 눈치 챌 수 있도록 말이다.

쉬면서 일하라

휴식 없이 스트레스와 압력을 받으면서 일해서는 안 된다. 점심 식사를 거르지 마라. 건강에 좋은 저지방 식품과 설탕이 적은 간식을 하루에 두 번씩 먹으라. 자신을 위해 하루 중에 고대할 만한 시간을 마련하라. 자신의 책상이나 일하는 장소에서 벗어나 휴식을 취하고 점심을 먹으라. 먹으면서 일하면 음식을 소화시키는 데 좋지 않다. 몸에 부담을 주기 때문이다.

몇 분간 시간을 내어 스트레스를 감소시키는 간단한 체조를 하라(7장 참조). 만약 하루 종일 앉아서 일하는 직업이라면 한 시간마다 자리에서 일어나 몸을 움직이고 스트레칭을 하라. 몸을 움직이고 스트레칭을 하면 요통, 근육 긴장 및 기타 통증을 예방하는 효과가 있다. 또한 명상도 고려해보라. 5분에서 15분 정도의 시간만 내면 기분 전환도 되고 편안한 감정을 느낄 수 있다.

퇴근 후에는 비록 짧은 시간이더라도 정신을 맑게 해주고 즐길 수 있는 활동을 찾아보라. 일에 대한 생각을 잊을 수 있는 장소에서 할 수 있는 활동을 찾아라. 운동이나 스포츠를 즐겨도 좋고, 명상이나 휴식 또는 취미 활동을 해도 좋다. 중요한 점은 퇴근 후에 그저 집에 와서 저녁을 먹고 소파에 앉아서 TV만 죽치고 보아서는 안 된다는 것이다. 그런 식으로는 하루 동안 쌓인 스트레스를 해소할 수 없다. 육체적인 행동이나 정신을 맑게 하는 활동이 다음날을 위해 당신의 몸과 정신을 재충전해준다.

휴가를 가라

회사들이 감량 경영, 합병 및 구조 조정을 시작하면서 장기 휴가는 사실상 사라져버렸다. 그러나 정리해고 후 남은 직원들이 해고된 직원들의 일까지 맡아야 하는 상황에서 사실 장기 휴가는 이전보다도 더 절실하게 필요한 상황이다. 안타깝게도 장기 휴가는 병가로 대체되었다. 장기 휴가란 자신을 재충전하고 쇄신하기 위한 시간이다. 충분한 휴식을 위해 몇 주만 필요한 사람도 있는 반면 몇 달이 필요한 사람도 있다. 장기 휴가는 탈진되기 바로 전 단계에 이른 사람들에게 매우 효과적인 시간이다. 쉬는 동안 꼭 직위나 직장을 바꾸려는 결정을 내릴 필요는 없다. 충분한 휴식을 통해 고갈된 적응 에너지를 다시 채울 수 있는 기회를 갖는 것이 중요하다. 장기 휴가는 당신의 활력과 재생력을 크게 높여줄 것이다.

2부 스트레스는 경쟁력이야

빽빽하게 들어선 책상과 열기를 내뿜는 각종 사무기기. 하루 종일 컴퓨터 앞에 앉아 일하는 김 대리는 눈이 뻑뻑하고 목과 어깨가 시큰시큰한 VDT 증후군에 시달리고 있다. 하지만 어쩔 수가 없다. 요즘의 기업들은 직원들에게 멀티 태스커*가 되라고 요구한다. '사람 편하라고 만든 기술들이 오히려 스트레스를 주네.' 김 대리는 쓴웃음을 짓는다. 하지만 직장 생활에서 성공하려면 스트레스 내성이 필요하다. 김 대리, 정신 차려!

*Multi Tasker: 이메일과 휴대폰, 컴퓨터, 전화를 오가며 한꺼번에 여러 일을 처리하는 직원을 말함

03 21세기 스트레스 테크닉

1960년대 문화혁명이 시작된 이래 사회는 초광속으로 움직이기 시작했다. 1960년대 중반에 이르자 여성들은 가정주부의 위치에 만족하지 못하고 더 많이 성취하고 소유하기를 원했다. 이것이 바로 현재의 사회가 형성된 계기이다. 1960년대 이전과는 달리 인생에서 우리의 역할은 더 이상 분명하게 규정지어지지 않는다. 그 이전에는 남편은 돈을 벌었고, 아내는 가정주부로서, 아이들의 양육자로서 그리고 필요하다면 연로한 부모님의 부양자로서의 역할을 맡았다.

어떤 이들에게는 그러한 인생이 이상적으로 들리겠지만 실상은 그렇지 않았다. 대부분의 여성들은 심한 공허감을 느꼈다.

여성들은 각 분야에서 선구자가 되거나 더 나은 인생을 원하거나 혹은 가족을 부양할 경제적 능력을 갖추기 원했다. 우리 사회는 극적인 변화를 겪었다. 오늘날 인생에서 우리가 떠맡는 역할은 하나가 아니다. 그리고 예전에 존재하던 뚜렷한 역할 구분은 더 이상 없다. 이제는 남성도 장보기, 요리, 육아, 세탁 등 예전에는 여성의 영역이었던 가사를 돌본다. 배우자 없이 혼자서 그 모든 일을 하는 사람들도 많다. 현대의 시간 절약 기기들의 도움에도 우리의 자유 시간은 1960년대보다 적다. 그러니 일에 압도되는 느낌이 드는 것은 당연하다.

주당 40시간 근무는 이제 옛말이다. 감량 경영과 정리해고가 시행되었다고 해서 업무량마저 줄어든 것은 아니다. 근로자들은 오히려 고된 장시간의 업무를 견디어야 한다. 사람들은 승진 기회를 잡기 위해서 혹은 개인적인 문제나 불행한 가정생활에서 탈출하기 위해 더 많은 일을 떠안는다. 이유야 어떻든 일은 가족, 친구, 취미 혹은 스스로에게 할애했던 시간의 많은 부분을 빼앗아간다.

발전된 기술이 우리의 삶에 파고들면서 이제는 골프나 운동을 하거나 아름다운 석양을 바라보며 고요한 순간을 즐기고 있을 때에도 일에서 자유롭기 힘들어졌다. 마치 일이 항상 뒤에 숨어서 기다리다가 우리가 일에서 벗어나려 할 때마다 뒷덜미를 잡는 것만 같다. 이메일에 답장하고 휴대폰의 음성 메시지를 듣는 데 1분밖에 걸리지 않는다고 생각하지만, 사실 그 1분이

한 시간이 되는 경우가 많다. 방심하는 사이에 소중한 시간을 빼앗기는 셈이다. 배우자, 자녀, 부모 혹은 기타 인생에서 중요한 사람들과 함께 보낼 수도 있었던 그 시간을 말이다.

균형 잡힌 인생

래드클리프 공공정책센터에서 실시한 2001년 조사 결과에 따르면, 20세에서 39세의 조사 대상 중 남성의 82%, 여성의 85%가 가족과 함께 보내는 시간이 그들의 직업과 개인 생활을 통틀어 가장 소중하다고 대답했다. 2001년 러트거스 대학과 코네티컷 대학에서 실시한 연구에서도 직업을 가진 성인의 90%가 가족과 함께 보내는 시간이 충분하지 않다는 점에 염려를 표시했다. 트루커리어TrueCareers에서 2002년 실시한 일과 인생의 균형에 관한 조사에서도 1500명이 넘는 응답자의 70%가 개인 생활과 직장 생활 사이에 균형을 이루지 못하고 있다고 대답했다(Lockwood, 2003).

모두가 균형 잡힌 삶을 원하지만 그것은 마치 복권에 당첨되는 것만큼이나 실현이 어렵다. 그런 삶을 위해 계속해서 노력해도 소용이 없다. 퇴근 후에도 일에 대한 생각을 멈출 수 없기 때문이다. 이렇게 되면 스트레스를 풀 수 있는 정신적인 이완의 시간이 없어진다. 또한 사랑하는 사람과 함께할 수 있는 시간도 빼앗긴다. 정작 우리가 함께 있어야 할 사람들임에도 말이다.

일에 치여 사는가?

우리는 자유 시간의 많은 부분을 '해야 할 일'에 사용한다. 퇴근 후 자녀들을 학교에서 데려와야 하고, 가족들이 다음날 깨끗한 옷을 입도록 산더미같이 쌓인 빨래도 해치워야 한다. 저녁을 준비하고 설거지도 해야 한다. 그러고 나면 아이들의 숙제를 도와주고, 쓰레기를 치우고, 편지 뭉치를 정리하고, 고지서도 챙기고, 이메일도 확인해야 하고……, 이렇게 끝없이 일이 이어진다. 매일 이런 '해야 할 일'이 끊임없이 생기고 그 일들을 하지 않으면 스트레스와 죄책감이 생긴다. 그러니 '이것이 인생일까'라는 자조가 절로 들 수밖에 없다.

왜 사냐곤 웃지요

인생에는 다이아몬드처럼 많은 단면이 있어서 귀하고 단단하면서도 아름답다. 인생이 계속해서 광채를 발할 때 사람들은 기쁨을 얻는다. 그러나 그런 광채와 기쁨이 사라지고 인생이 그저 너무 힘들게만 느껴질 때가 오게 마련이다. 그럴 때면 우리에게 책임과 의무만이 주어진 것 같고 무언가 빠진 인생을 살고 있다는 느낌이 든다. 이유는 모르겠지만 진정한 인생에서 멀어진 듯한 느낌이 드는 것이다. 그리고 우리는 '이것이 인생일까'라는 의문을 던진다. 인생의 목적은 잠재력을 최대한 발휘하고, 인생

다음과 같이 느끼십니까?

인생이 뭔가 어긋나 있다.	예 아니오
인생에서 무언가 빠져 있다.	예 아니오
인생이 지루하고 재미없다.	예 아니오
끊임없이 일에 치이며 잘 해결하지도 못한다.	예 아니오
생활에 변화가 없고 반복적이다.	예 아니오
모든 것으로부터 도망치고 싶다.	예 아니오
인생이 어둡게 느껴진다.	예 아니오

에서 겪을 수 있는 모든 것을 경험하는 데에 있다. 그러나 우리를 혹사시키는 삶에서 인생의 진정한 목적을 이루기란 불가능하다. 행복해지려면 인생에 광채를 찾아주어야 한다. 당신의 인생이 과연 빛나고 있는지 【3.1】의 항목에 답해보라.

만약 당신이 여러 항목 중 어느 하나라도 '예'라고 대답했다면 인생을 사는 방식을 재점검해야 한다. 인생은 단 한 번뿐이고 최고의 인생으로 만드는 책임은 바로 당신에게 있다. 그렇다, 인생은 힘들다. 지리멸렬할 때도 있고 그야말로 처참한 순간도 있다. 그러나 인생이 계속해서 이런 상태라는 법은 없다. 당신은 인생에서 벌어지는 모든 일을 통제할 수는 없지만 인생을 어떻게 살 것인지는 결정할 수 있다. 인생은 즐겁게 살 때 의미가 있다. 유쾌함, 기쁨, 행복감이 스트레스 해소의 열쇠이다.

균형을 잃은 인생은 참담한 결과를 가져온다. 스트레스와 일로 인한 탈진을 부채질하고 질병과 조기 사망을 초래할 수도 있다. 가정생활이 2순위나 3순위로 밀려나면서 인생은 균형을 잃고 이로 인해 이혼이 늘어난다. 균형을 잃으면 인생을 살아가는 데 필요한 에너지와 열정이 고갈된다. 우리는 일상생활이 요구하는 모든 책임을 완수하느라 인생에서 중요한 몇 가지를 빼먹거나 잊어버리기 쉽다. 그래서 우리의 미래 혹은 사랑하는 사람들의 미래에 거의 영향을 미치지 않는 일상사 때문에 가장 중요한 가족, 친구, 그리고 자신을 잊어버리는 사람들이 많다.

인생의 균형을 유지하려면 의식적인 노력을 기울여야 한다. 마치 배의 선장처럼 인생의 전체적인 경로를 보고 거칠고 힘든 시기를 잘 헤쳐나가야 한다. 방향을 보지 않고 그저 인생의 파도를 따라 이리저리 떠다니다 보면 후회의 바다에서 길을 잃게 될 것이다.

일주일 동안 다음 각각의 항목에 소요하는 시간을 따져보라. 그리고 당신의 인생이 균형을 이루고 있는지 살펴보라.

일 ______________________________________시간

가족 ____________________________________시간

친구 ____________________________________시간

여가와 오락 ____________________________시간

운동과 육체적 활동 _______________시간

영성 및 종교적 활동 _______________시간

일의 노예인가?

우리는 인생에서 가장 많은 시간을 일에 쏟아 붓는다. 일은 성취감과 자아감을 가져다준다. 일을 통해 나 자신은 물론 가족을 위한 생계를 해결한다. 살기 위해서는 일이 필요하다. 그러나 당신은 살기 위해 일을 하는가, 아니면 일하기 위해서 사는가? 만약 당신이 하루 온종일 일하는 데 시간을 보낸다면 잠깐 멈추고 왜 그렇게 일을 많이 하는지 생각해보라. 다음 【3.2】의 항목에 답해보라.

단 하나의 항목이라도 '예'라고 대답했다면 당신은 일의 노예

【3.2】 당신은 일의 노예인가?

일을 하지 않으면 죄책감에 시달린다.	예　아니오
일을 하지 않을 때에도 일에 대한 생각을 지울 수 없다.	예　아니오
휴가란 가당치도 않은 일이다.	예　아니오
휴가 중에도 사무실에 여러 번 전화하거나 이메일을 보낸다.	예　아니오
여가 시간에도 중요한 업무를 하면서 보내야 한다고 느낀다.	예　아니오
잠들 때까지 잠자리에서 일을 한다.	예　아니오
가족이나 친구와 함께 시간을 보내는 일이 거의 없다.	예　아니오
가장 가까운 친구는 회사 동료들이다.	예　아니오
인생의 모든 목표가 직업이나 일과 관련이 있다.	예　아니오
일을 할 때만 만족스럽고 마음이 편하다.	예　아니오

인 셈이다. 인생의 많은 단면을 일이 잠식했으니 맞는 말 아닌가. 물론 직장을 다니다 보면 더 많이 일해야 하는 시기가 있다. 그러나 이런 생활이 일상이 되고, 이로부터 헤어나오지 못한다면 그 이유를 심각하게 따져보아야 한다. 자녀가 학교에서 연극 공연을 하는 날에 빠지거나 주말에 가족과 함께 보내는 시간을 포기할 만큼 당신이 하는 일이 진정으로 중요한지를 말이다. 일로 인해 놓쳐버린 그런 소중한 순간들은 지나가면 절대 다시 찾을 수 없다.

일에서 헤어나오지 못하는 진정한 이유는 무엇일까? 많은 사람들이 일을 탈출구로 생각한다. 개인적인 문제가 있을 때 일을 하면 그 문제를 직접 대면하지 않을 수 있다. 가정생활이 평탄치 않으면 일은 탈출구로서 안성맞춤이다. 그러나 그 탈출구는 결국 이혼이나 가정 파탄으로 이어지게 마련이다. 일을 많이 하다 보면 자신의 문제점을 되돌아보고 해결할 시간이 없다. 그래서 일이 우리 자신이나 인생의 부정적인 면을 해결해준다는 착각을 하게 되고, 결국 우리의 인생은 일을 하기 위한 인생으로 전락한다.

지나치게 세속적인가?

우리는 현재 최고이자 최악의 시대를 살고 있다. 역사상 지금처럼 선택할 물건들이 풍부했던 때도 없다. 우리는 첨단 기술, 더 넓은 집, 더 큰 TV, 멋진 차, 고급 브랜드의 옷, 성형 수술 등 미디어가 행복한 생활의 필수라고 말하는 모든 것들로부터 끊임없는 유혹을 받는다. 이런 소비주의는 경제를 활성화시키는 데 좋을지는 몰라도 많은 사람들을 소비지상주의자로 만든다. 나는 그 현상을 '소유 중독'이라고 부른다. 소유 중독에 걸린 수많은 사람들은 소유하지 않고는 견딜 수 없기 때문에 무언가가 새로 출시되면 그것을 갖기 위해 자신을 일의 노예로 바친다.

그러나 최고 중의 최고를 소유해봤자 기껏 얻는 것이라곤 그저 단시간의 쾌락뿐이다. 그 얻기 힘든 쾌락의 대가로 나 자신 그리고 나의 자녀가 희생한 인생을 생각해보라. 어떤 사람들은 반드시 가져야 하는 물건을 구입함으로써 인생의 의미를 찾는다. 물질적인 욕구가 너무 강해서 가치관이 왜곡되는 경우도 많다. 만약 당신에게 위와 같은 증상이 있다면 다음 질문을 스스로에게 던져보라.

- 원하는 물건을 사기 위해 직장에서 더 많이 일하느라 인생에서 놓치고 있는 것은 무엇인가?
- 사랑하는 사람들과 함께 보낼 수 있는 시간을 희생할 만큼 일이 더 소중한가?
- 더 많이 소유하고 싶은 욕구 때문에 내게 중요한 사람들과의 관계나 친밀함을 잃어도 좋은가?

한마디로, 물욕이 그만한 가치가 있는가의 문제이다. 자녀들은 당신이 새로 사준 스포츠카를 타고 돌아다니기보다는 당신이 집에 일찍 돌아와서 그들이 당면한 문제에 대해 함께 이야기 해주기를 더 바랄 것이다.

내 친구 제프는 소유 중독이 심각한 상태여서 집에서 보내는 시간이 극히 적었다. 어느 날 밤 그는 일하던 중 이메일 한 통을 받았다. 그것은 여덟 살배기 아들이 보낸 이메일이었다. 아들은 아빠 얼굴을 자주 볼 수 있도록 제발 일을 그만두라고 애원하고 있었다. 그 이메일을 읽자 그는 정신이 번쩍 들었다. 그리고 자신의 우선순위를 다시 재점검해야 할 필요를 느꼈다.

만약 도무지 일을 떼어놓기가 힘들다면 다음 질문을 자신에게 던져보라. 당신이 없으면 회사가 다시 정상 궤도로 돌아오기까지 시간이 얼마나 걸릴까? 당신이 이 세상에서 없어진다면 당신을 소중히 여기는 사람들이 얼마나 오랫동안 당신을 그리워할까? 당신이 없어져서 충격을 받을 이는 누구인가? 당신의 직장인가, 아니면 가족이나 친구인가?

삶은 조화로운가?

조화로운 인생은 하지 않고 있거나 해야 하는 모든 일들에 대한 걱정 탓에 생기는 스트레스를 줄여준다. 불안과 자책, 중압감을 느끼느라 에너지와 열정이 사라지는 사태를 막아줄 것이다. 조화로운 인생을 사는 사람은 균형 잃은 생활을 하는 사람보다 결혼 생활을 유지할 확률이 더 높다.

인생에서 균형을 잡고 있으면 직장에서 탈진될 확률이 적다.

시간도 좀 더 효율적으로 관리할 수 있게 된다. 직원을 거느린 경영자라면 자신의 일도 잘하면서 고용인들과도 더 잘 어울리게 된다. 무엇이 중요하고 중요하지 않은지를 분간해낼 수 있기 때문에 동료들과의 의사소통도 향상된다. 모든 것을 균형 잡힌 시각으로 바라보게 되는 것이다.

개인 사명 선언

조화롭고 균형 잡힌 인생을 살기 위해 노력할 때 받는 스트레스와 압박은 어떻게 없앨 수 있을까? 내면 성찰과 시간 여행을 통해 그 방법을 알아보자. 우선 당신이 생의 마지막 순간에 이르렀다고 가정해보자. 당신의 인생이 어땠기를 바라는가? 그때까지 성취했기를 바라는 일들을 적어보라. 당신의 인생을 풍요롭게 한 사람들은 누구인가? 당신 덕택에 인생이 풍요로워진 사람들은 누구인가? 당신으로 인해 의미 있는 변화를 맞이한 사람이 있는가? 어떤 이유 때문인가? 이런 질문을 통해 인생이 진정으로 어때야 하는지 큰 그림을 그려볼 수 있다.

일단 당신의 인생이 어때야 하는가를 찾아낸 다음에는 개인 사명 선언을 만들라. 개인 사명 선언은 사업 분야뿐만 아니라 개인에게도 좋은 지침이 된다. 인생에서 당신의 사명이 무엇인지 안다면 인생의 목표 의식과 방향 감각이 생긴다. 예를 들어,

사명 선언은 '가족과 친구들을 위해 나의 육체, 감정, 영혼, 사랑을 모두 주는 삶을 살겠다. 나 자신을 잘 보살피고, 행복하며 매일 더 나은 사람이 되기 위해 노력할 것이다'와 같은 내용일 수도 있다. 당신이 생각하는 인생의 필수 요소를 모두 포함한다면 길고 짧음은 상관이 없다.

사명 선언은 인생의 균형을 잡아줄 것이다. 우리가 받은 가장 소중한 선물은 바로 인생 그 자체이다. 너무나 많은 사람들이 방향 감각도, 목표 의식도, 의미도 없는 삶을 살고 있다. 하지만 인생은 옷을 고르는 것과는 차원이 다르다. 단 한 번밖에 기회가 주어지지 않는 가장 중요한 것이다.

사명 선언을 만든 다음에는 여러 곳에 써놓으라. 포스트잇에 써서 욕실의 거울이나 직장의 컴퓨터에 붙여놓아도 좋고 일기장에 적어두어도 괜찮다. 어쨌든 자주 보면서 되새길 수 있는 곳에 붙여놓으라. 이렇게 하면 당신이 스스로를 위해 선택한 길에서 벗어나지 않을 수 있다. 그리고 당신을 가로막을 수 있는 장애물을 적어보고 피할 수 있는 방법을 생각해보라. 물론 시간과 노력이 필요하지만 인생의 균형을 잡고 이를 유지하기 위한 변화를 만들어낼 수만 있다면 충분한 가치가 있다. 당신의 앞길을 가로막는 장애물을 피할 수 있는 방법을 미리 생각해놓아라.

우선순위를 정하라

현재 당신의 삶이 어떤지를 보여주는, 이전에 작성한 시간 분

배 항목으로 다시 돌아가 보자. 이제는 인생의 각 영역 사이의 균형을 이루기 위해 각 항목에 할애해야 하는 시간을 써 넣어라. 그 시간을 어떻게 현실화시킬 수 있는지 지금 걱정할 필요는 없다.

일 _________________________________ 시간
가족 _______________________________ 시간
친구 _______________________________ 시간
여가와 오락 _________________________ 시간
운동과 육체적 활동 ________________ 시간
영성 및 종교적 활동 ______________ 시간

이제 배분한 시간을 항상 기억하면서 어떻게 현실화시킬 것인지 살펴보자.

헌신하라

인생에서 균형을 유지하기 위해서는 진지하고 끊임없는 헌신이 필요하다. 목표를 달성하기 위해 헌신하라. 그리고 매일 노력을 기울이면서 개인 사명 선언을 최우선시하는 마음가짐을 가져라.

시간일지를 써라

개인적으로 시간을 어떻게 보내고 있는지 파악하기 위해 2주

동안 매일 시간일지를 써보라. 이 시간일지를 통해 퇴근 후의 시간을 어디서 어떻게 쓰고 있는지 더 정확하게 알 수 있다. 당신의 소중한 시간이 낭비되고 있다는 사실에 놀랄 수도 있고, 더 많은 여가 시간을 갖기 위해 일의 순서나 시간 배분을 조절할 필요성을 느낄 수도 있다.

유연하게 살아라

사랑하는 사람들과 더 많은 시간을 함께하기 위해서는 고용인들과 회의할 때와 마찬가지로 미리 계획하고 일정을 짜야 한다. 시간 분배를 어떻게 해야만 가족과 함께할 시간을 만들 수 있을지 생각해보라. 창의적으로 사고하라. 딸은 댄스를 배우러 가고, 아들은 농구 경기가 있고, 남편은 오후 7시 반까지 퇴근하기 어려운 탓에 가족 모두가 함께 저녁 식사를 하기 힘들다면 가족회의 시간을 오후 9시로 잡는 건 어떤가.

그 시간에 아이들의 숙제를 같이 보아주거나, 하루를 어떻게 보냈는지 서로 이야기를 나누고, 각자의 근심거리나 실망스러웠던 일에 대해 의논하는 것이다. 아니면 그냥 잡담을 나누며 즐겁게 시간을 같이 보내도 좋다. 어쨌든 모임을 의무화하라. 변명은 허용하지 마라. 일주일에 적어도 세 번씩 모이는 정기적인 모임으로 만들라. 이 모임이 얼마나 중요한지, 가족 관계가 얼마나 돈독해질 것인지에 대한 가족의 공감을 얻어내라.

가능한 한 저녁 식사를 함께하도록 하라. 당신이 부모라면 저녁 식사 중인 아이들에게 전화를 거는 식으로 대충 넘어가지 마라. 그 순간에 아이들과 함께 그 자리에 있는 것만큼의 효과가 없기 때문이다. 아이들은 자신이 부모에게 중요한 존재라고 느껴야 한다. 부모의 바쁜 생활에서 최우선 순위를 차지하고 있다고 믿어야 한다. 자신이 사랑받고 있으며 필요한 존재라고 느껴야 한다. 그러므로 자녀와 함께 있지 않다는 것은 그들에게 부정적인 신호를 보내는 셈이다. 부모에게 자신이 그 정도로 중요하지 않다는 신호 말이다. 가족과 함께 시간을 보내고 있을 때에는 모든 직업상의 연락을 차단하라. 당신이 사랑하는 가족과 함께 있을 때에는 그들이 당신의 최우선 순위이고 당신의 관심을 독점한다는 느낌을 주어야 한다.

허심탄회하게 말하라

살다 보면 업무나 기타 의무적인 일들을 먼저 처리해야 할 때가 있다. 균형 잡힌 삶이 곧게 뻗은 길이 아니라는 것쯤은 모두 아는 사실이다. 가다 보면 푹 파인 곳도 있고 굽은 곳도 있게 마련이다. 하필 결혼기념일에 출장을 가야만 하는 피할 수 없는 상황도 생긴다. 이럴 때는 진심 어린 대화가 당신과 사랑하는 이들 사이에 반드시 필요하다. 자신의 감정을 솔직하고 기탄없이 표현할 수 있어야 한다.

이런 장애물을 잘 넘기 위한 열쇠는 바로 이해와 유연성이다. 가족과의 상황을 호전시키고 싶다면 가족의 입장에서 그들이

등한시되었다는 느낌이나 불만을 품고 있는지 먼저 알아야 한다. 어떤 변화가 일어나야 한다면 그것에 대해 충분히 의논하고 이해를 구해야 한다. 그래야 아무도 소외되거나 사랑받지 못한다는 느낌을 갖지 않는다.

사랑을 표현하라

사랑하는 사람들과 친구들을 위해 당신이 할 수 있는 최선의 일은 그들을 얼마나 소중하게 여기는지 매일 표현하는 것이다. 함께 있지 못해서 이런 애정을 표현할 수 없다면 전화하거나 이 메일 혹은 팩스를 보내라. 그들이 당신 인생에 얼마나 중요한 존재인지 알게 하는 것이 목적이다. 이런 일은 단 몇 분이면 족하다. 몇 분을 이보다 더 유용하게 활용할 수 있을까?

도움을 청하라

만약 경제적으로 여유가 있다면 도우미를 고용해서 해결할 수 있는 집안일이 있는지 생각해보라. 청소, 잔디 관리, 집수리, 아기 보기, 식사 준비 및 장보기 등은 도우미의 도움을 받을 수 있다. 하지만 경제적인 형편이 넉넉지 않다면 친구나 친척들과 가사를 맞바꾸어서 하는 방법도 있다. 예를 들어, 친구가 당신 몫까지 장을 봐주는 동안 당신은 친구의 자녀들을 돌봐주면서 기타 집안일을 하는 방법은 어떤가? 직업을 가진 친구나 친척과 함께 머리를 맞대고 창의성을 발휘해서 서로 품앗이할 수 있는 일이나 시간이 있는지 알아보라. 필요할 때 서로 의지할 수 있는 사람들로 구성된 도우미 클럽을 만들라.

자투리 시간을 활용하라

누구나 한 번쯤은 은행에서 차례를 기다리거나, 교통 체증을 겪거나, 병원에서 진찰 순서를 기다려본 적이 있을 것이다. 하나같이 안달이 나고 스트레스를 받는 일들이다. 특히 생활이 너무 바쁘게 돌아가고 1분조차 낭비할 여유가 없다면 더욱 그렇다. 이런 상황으로부터 오는 스트레스와 초조함을 줄이기 위한 방법이 있다. 예를 들어, 의사의 진찰을 기다리면서 간단한 서류나 일지 정리, 업무 관련 자료 읽기 및 공부를 하는 것이다.

노트북이 있다면 진찰 순서가 올 때까지 기다리면서 일을 처리할 수도 있다. 교통 체증 속에 갇힌 경우에는 기분이나 사물을 보는 시각을 긍정적으로 만들어줄 동기 부여 강의 및 재미있는 이야기가 담긴 카세트테이프를 들으면 된다. 이 시간 동안 무언가를 한다면 소중한 시간을 낭비했다는 생각에서 비롯되는 스트레스를 예방할 수 있다. 현명한 시간 관리는 균형 잡힌 인생에 결정적인 요소이다.

'싫다' 고 말하라

요청받은 일은 모두 해야 한다고 느끼는 사람들이 있다. 혹은 상대를 차마 실망시킬 수가 없어서 일을 떠안는 경우도 있다.

이런 이유로 그들은 너무도 많은 일에 짓눌린다. 직장이나 가정에서 당신에게 부여하는 책임에 대해 점검해보라. 그 책임이 비합리적이거나 당신 인생의 균형을 무너뜨리고 있다면 용기를 내어 '싫다'고 말하라.

근무 시간 중에 불필요하게 방해받는 일을 없애야 한다. 가끔 사소한 일을 '긴급 사항'이라며 들고 와서 떠맡기고 가는 사람들이 있다. 어떤 사람들은 그저 잡담이나 하려고 찾아와서 방해를 한다. 적당한 선을 그어라. 그리고 그들에게 당신이 더 이상 참고 있지만은 않을 것임을 알려야 한다. 4장에서 현명한 시간 관리자가 되는 법을 읽어보라. 가장 중요한 요령 중의 하나가 단호하게 '싫다'고 말하는 것이다.

여유 있게 살아라

다음은 완벽주의자의 전형적인 특징이다.

- 제대로 되었다는 느낌이 들지 않아서 일을 계속하면서 다시 고치는 경우가 많다.
- 사람들이 당신이 한 일을 칭찬하거나 높게 평가하면 불편한 느낌이 든다.
- 자신의 성과에 대해 대부분 비판적이다.
- 일이 제대로 되려면 모든 일을 직접 해야 한다고 생각한다.

완벽주의자들은 이러한 함정에 빠져 스스로에게 불필요한 스트레스를 만든다. 만약 당신도 해당된다면 완벽주의 성향을 당장 집어던져라! 물론 완벽주의가 좋을 때도 있다. 그러나 나는 심장 수술은 완벽주의 의사에게 맡겨도, 바닥 청소를 매일 할 필요는 없다고 생각한다. 완벽주의는 우선순위의 문제이다.

완벽주의적인 행동은 고치기 힘든 습관이며 대부분 무의식중에 나타난다. 그런 습관을 고치고 싶다면 완벽주의적인 행동을 하는 중에 잠깐 멈추어 생각을 하고 중지하는 연습을 하라. 그러다 보면 인생이 훨씬 편해질 것이다. 그리고 완벽하게 할 필요가 없는 일에 낭비하던 시간을 긴장과 스트레스를 푸는 데 써라. 손님들을 초대하고 저녁 식사를 준비했는데 음식이 완벽하게 나오지 않았다면 완벽주의자인 당신은 아마도 매우 스트레스를 받아서 그날 저녁 내내 기분이 좋지 않을 것이다. 그러나 무엇이 중요한지 생각해보라. 친구들과 보내는 재미있는 시간인지, 아니면 기대만큼 훌륭하지 않은 요리인지 말이다.

가족과 함께하라

가족과 함께하는 시간은 가족 간의 유대를 강화하는 데 최고이다. 겨우 한두 시간 정도밖에 낼 수 없다 해도 그 효과는 오래 남는다. 가능한 한 자주 농구나 하이킹을 함께 즐기고, 영화관, 동물원, 공원에 같이 가라. 가족과 함께 주말이나 휴가를 보낼 때는 새로운 곳으로 떠나라. 가족애와 친밀감이 돈독해질 것이다.

로맨스를 즐겨라

2001년 미국은퇴자협회AARP의 웹사이트에서 '나이 들면서 즐기는 방법: 성인들의 오락 패턴 조사'라는 제목으로 설문조사가 실시됐다. 이 질문에 남성의 37%, 여성의 34%만이 성생활을 위해 시간을 낸다고 대답했다. 섹스는 지금까지 알려진 스트레스 해소법 중 최고의 효과를 발휘하는 것이다. 타인에게 애정을 갖고 육체적·정신적으로 친밀감을 느끼면 스트레스 수치가 확실히 낮아진다. 그러나 이제 섹스는 특히 결혼생활에서 기본적인 '해야 할 일' 중의 하나로 자리매김한 듯하다. 섹스를 해치워야 할 또 하나의 잡무로 생각하는 이들도 있다.

정신없이 생활하는 우리는 병원에 진료 예약을 하듯 데이트도 일정을 잡아놓고 해야 한다. 로맨스와 섹스는 자연적으로 이루어져야 한다는 생각은 오늘날 이 시대를 사는 대부분의 사람들에게 맞지 않다. 따라서 바쁜 와중에 잊어버리고 아예 하지 않는 것보다 계획을 세우는 편이 낫다.

시간이 지나면서 열정과 사랑이 넘치던 애정 관계는 서로 아껴주기는커녕 단조롭고 지루한 관계로 변하기 쉽다. 이런 함정에 빠진 느낌이 든다면 당신에게 소중한 그 사람과의 관계에 생명력과 흥분을 불어넣어라. 배우자와 데이트를 하라. 데이트를 하는 날은 친척이나 친구에게 아이들을 맡기고 옷도 빼입고 낭만적인 촛불이 있는 저녁 식사를 하라. 집에서 말이다. 편안한 음악을 들으며 서로 이야기를 나눌 수 있도록 하라. 서로에게 진심으로 좋아하고 사랑한다고 말하라. 이때는 부정적인 이야기는 꺼내지 않는 편이 좋다. 그러다 보면 상대의 불만을 토로하는 논쟁으로 번질 수도 있다. 서로 교감하려고 노력하라. 그리고 그날 밤에 자신을 상대에게 맡겨라.

열정을 단번에 사라지게 하는 실수 중의 하나는 육체적이든 정신적이든 업무를 잠자리로 가져가는 것이다. 은밀한 잠자리에서 상대의 관심을 얻고자 일과 경쟁하고 싶은 사람은 없을 테니 말이다. 열정적인 로맨스로 넘쳐야 할 시간에 일에 대한 이야기를 꺼내는 것은 낭만적인 관계에 이별을 고하는 셈이다.

끊임없이 노력하라

인생의 주도권을 잡고 균형 잡힌 인생을 살기 위해서는 어느 정도의 창조성과 유연성, 그리고 끊임없는 재결심이 필요하다. 그러면 인생을 최대한 의미 있게 살 수 있다. 지금으로부터 6개월 후에 앞서 작성했던 시간 분배 항목을 다시 작성해보고 처음 시작했을 때와 비교해보라. 그동안 어떤 발전이 있었는지, 어떤 분야에서 아직도 노력이 더 필요한지 파악할 수 있을 것이다. 균형을 유지하기 위해 계속해서 몸을 움직이는 줄타기 곡예사처럼, 조화로운 인생을 위해 당신의 계획을 성공시키려면 생활을 상황에 맞게 끊임없이 조절해야 한다.

04 시간을 지배하라

혹시 주위에 그 많은 일을 언제 다 처리했는지 어리둥절하게 만드는 사람들이 있는가? 그런 사람들은 항상 최종 기한 내에 일을 마무리한다. 일하는 시간은 똑같은데도 그들은 더 효율적이고 생산적인 것 같다. 아직 일을 끝내지 못한 당신을 뒤로한 채 그들은 벌써 퇴근 준비를 한다. 당신은 스트레스를 받으며 자리에 앉아 있지만 그들은 이미 편안하게 긴장을 풀고 있다. 도대체 그들이 그렇게 느긋할 수 있는 비결은 무엇일까?

그 비결이란 수년간에 걸쳐 길러온 특별한 습관 덕택이다. 그들은 더 오래, 더 힘들게 일하기보다는 더 영리하게 일하는 법을 익힌 것이다. 물론 그들도 당신과 똑같은 어려움이 있다. 그러나 그들은 시간이 가장 귀중한 자산이라고 생각하고 시간을 현명하게 사용하는 기술을 발전시켰다. 그들은 시간을 함부로 쓰지 않는다. 당신 역시 습관을 바꿀 수 있다. 시간과 연습, 그리고 변화하기 위한 집요한 결의가 필요하지만 투자할 만한 충분한 가치가 있다.

시간 관리와 스트레스 통제는 서로 불가분의 관계에 있다. 당신이 낭비한 시간만큼 생산성은 떨어지고 긴장과 스트레스가 증가한다. 시간을 낭비하며 보낸 하루는 실패한 하루이다. 실패한 하루가 오랫동안 누적되면 어느새 탈진의 길목에 들어서게 된다. 시간을 지배해야 할 때이다. 이 일은 식은 죽 먹기가 아니다. 그러나 당신은 해낼 수 있다.

시간일지

당신의 시간을 가장 많이 잡아먹는 일이 무엇인지 아는가? 매일 당신의 시간이 어디로 흘러 들어가는지 아는가? 대부분의 사람들은 스스로 알고 있다고 생각하지만 실상은 그렇지 않다. 시간이 어떻게 낭비되는지 알기 위한 가장 효과적인 방법은 시간일지 또는 활동일지를 작성해보는 것이다. 어쩌면 당신은 그럴 시간이 없다고 말할지도 모른다. 그렇다면 시간을 내라! 당신에겐 피드백이 필요하다. 당신의 생활을 효과적으로 변화시키기 위해서는 당신이 시간을 어떻게 쓰는지 먼저 알아야 한다.

세미나 도중에 시간일지를 써본 적이 있는지 물어보면 손을 드는 사람이 매우 적다. 그러나 손을 든 사람들에게 이 방법이 얼마나 도움이 되었는지 물어보면 그들은 침이 마르도록 시간일지의 효과에 대해 이야기한다. 하나같이 시간일지가 주는 피드백 덕분에 변화가 가능하다는 사실에 수긍한다. 한 참가자는 시간일지를 쓴 뒤 목표와 상관없는 일에 얼마나 많은 시간을 사용하는지 깨닫고 정신이 번쩍 들었다고 했다. 시간일지가 성가신 방해 요소를 찾아낼 수 있는 좋은 방법이라고 말하는 이도 있다. 시간일지는 어떤 점을 고치고, 어떤 부분을 다른 사람들과 함께 조정해야 할지를 보여준다.

최근에 한 정부 기관에서 개최한 세미나에서 만난 20대의 한 젊은 매니저는 PDA에 2주 동안 시간일지를 기록했다며 내게 보여주었다. 그것은 짧지만 매우 효과적인 시간일지였다. 그는 실제로 매분 매시간에 한 일을 모두 기록했고, 그것을 기록하는 동안은 그가 가장 생산적으로 보낸 시간이었다고 말했다. 다른 참가자들은 시간일지를 공책에 쓸 것인지 아니면 PDA에 쓸 것인지에 대하여 토론을 벌였다. 그러나 별다른 차이는 없다. 당신에게 가장 편리한 방법을 선택하면 된다. 하지만 꼭 당부하고 싶은 말은 아침에 눈을 뜨면서부터 기록을 시작하라는 것이다. 몇 시간이라도 지나고 나면 했던 일을 자세하게 기억할 수 없기 때문에 시간을 낭비하게 만든 사건이나 성취한 일들을 잊어버리거나 생략하게 된다.

간단명료하게 써라

시간일지를 복잡하고 화려하게 작성할 필요는 없다(【4.1】 참조). 근무를 하면서 무슨 일을 했는지, 누구와 관련한 일이었는지, 실제 그 일을 수행하는 데 몇 시간이 걸렸는지를 적으면 된다. 또한 업무를 방해하거나 시간을 낭비하게 만든 일 혹은 스트레스를 준 사건들도 적는다. 예컨대, 업무를 마친 후에 어느 정도 목표를 달성했는지에 대한 자신의 느낌을 1점에서 5점까지 점수로 매겨보라. 이런 식으로 시간일지를 작성하다 보면 올바른 일을 올바른 방식으로 수행하고 있는지 현실적으로 파악할 수 있다.

시간일지는 짧고 구체적이면서 사건 위주로 적되 하나도 빠뜨리지 말아야 한다. 하루를 어떻게 보내는지에 대한 큰 그림을 보고 싶다면 1주에서 2주 정도 일정한 기간 동안, 혹은 하루를 어떻게 보내는지 전체적인 그림을 볼 수 있을 때까지 시간일지를 적으라. 시간을 사용한 방법과 장소, 생산성 정도 및 시간 낭비의 원인을 파악할 수 있게 될 것이다. 또한 개인 생활이나 가정생활을 위해 시간을 어떻게 사용하는지도 알 수 있다. 시간일지에 스트레스를 어떻게 해소했는지, 가족을 위해 시간을 얼마나 할애했는지 나타나기 때문이다.

【4.1】 시간일지

요일	활동, 내용	시간	함께한 사람	성취 점수
월요일	전략 기획 회의	09:00~11:30	상급 경영진	2점: 미결
	협회 점심 회의	11:30~2:00	협회 이사회	3점: 컨벤션 기획
	배송 문제로 업무 중지	2:00~3:30	부하 직원	5점: 해결
	고용인 면접	3:30~5:30	지원자	4점: 4명 중 1명 고용, 2명 더 필요함
	서류 정리, 해야 할 일 목록 작성	5:30~6:00	혼자	5점: 완결

※성취 점수는 숫자가 클수록 성취도가 높음

1주 내지 2주 동안 일지를 작성한 후에 면밀히 분석하라. 매일의 기록을 보고 다음의 질문을 던져보라.

- 최우선 순위의 일을 완수했는가?
- 해야 할 일을 완수하지 못하도록 방해한 것은 무엇이었는가?
- 가장 큰 방해가 되었던 사람 또는 이유는 무엇이었는가?
- 어떤 종류의 예기치 않았던 긴급 상황이나 위기가 발생했는가?
- 이런 시간 낭비의 원인이 재발하지 않도록 하기 위해 내가 할 수 있는 일은 무엇인가?
- 더 효율적이고 생산적으로 일하기 위해 내가 할 수 있는 일은 무엇인가?

작성한 시간일지를 주의 깊게 평가하고 특정한 경향이 있는지 살펴보라. 누가 혹은 무엇이 당신의 시간을 빼앗는지 알아내기 위해 반복해서 일어나는 일들이 무엇인지를 조사하라. 어떤 활동을 추가, 제거 혹은 변경해야 하는지도 살펴보라.

미리미리 준비하라

'해야 할 일' 목록을 작성하는 사람들은 꽤 많다. 그렇지만 실제로 실천하는 수는 적다. 사람들은 긴급한 일이나 돌발적인 상황이 너무 많이 생기기 때문에 원래 계획을 포기할 수밖에 없다고 말한다. 그러나 여기에는 나름대로 이유가 있다. 사람들이 끊임없이 긴급한 상황에 맞닥뜨리게 되는 까닭은 해야 할 일을 미리 해결하지 않고 미루다가 갑자기 면전에서 급하게 터지도록 만들었기 때문이다. 일을 뒤로 미루다 보면 긴급 상황이 생활의 일부가 되어버린다.

물론 계획을 얼마나 잘 세우는지에 상관없이 일어날 수밖에 없는 급하고 중요한 일들이 있다. 위기 상황은 발생하게 마련이다. 그런 일들이 일어났을 때에는 신속하고 침착하게 대처해야한다. 그 문제를 해결할 수 있는 다른 사람들을 개입시켜라. 또는 하던 일을 다른 사람에게 위임하거나 잠시 보류하라.

돌발 상황을 미연에 방지하는 가장 좋은 방법은 가상훈련을 활용하는 것이다. 즉, 일어날 가능성이 있는 돌발 상황이나 최악의 시나리오에 대처하는 구체적인 계획을 만들어놓는다. 당신이 매니저라면 모든 고용인들을 미리 교육시켜서 향후 돌발 상황이 발생했을 때 잘 대처할 수 있도록 한다. 과거에 일어났던 사건을 예로 들어 실수가 반복되지 않도록 교육하는 게 현명한 방지책이다.

시간을 안배하라

비현실적인 계획을 세우는 사람들이 있다. 그들은 하루에 너무나 많은 일을 하려는 욕심을 부리지만 그 계획서는 이상적인 하루에 대한 환상일 뿐 유연성의 여지가 없다. 계획서는 실제의 하루를 반영하도록 유동적이어야 한다. 하루를 보내다 보면 예상치 못했던 일들이 생겨서 우선순위가 바뀌기도 한다. 따라서 모든 가능성에 대처할 수 있도록 준비해야 한다. 가끔은 일을 처리하는 데 생각했던 것보다 더 오랜 시간이 걸릴 수도 있다. 계획을 짤 때는 휴식 시간이나 스트레스를 해소하는 시간도 안배해야 한다. 휴식 없이 일하면 건강을 해친다. 능력을 넘어설 정도로 너무나 많은 일을 계획한 나머지 퇴근할 때 스트레스와 부담감이 들지 않도록 하라.

처음에는 거시적인 관점에서 목표와 해야 할 일들을 살펴보라. 즉, 큰 그림을 그리라는 말이다. 연초나 분기 초에 목표를 세우면 방향 감각을 가질 수 있다. 이렇게 미리 세운 큰 계획에 따라 매월의 목표, 그에 따른 업무 및 프로젝트에 대해 계획을 세운다. 그러면 해야 할 일들의 최종 계획이 생기는 셈이다. 그 계획을 기준으로 주간·일간 계획을 짜라.

중요한 일부터 하라

하루 계획표를 만들 때는 급하고 중요한 일을 먼저 완료하도록 짜라. 이런 일들이 바로 우선순위이다. 우선순위의 일이란 매우 중요해서 미리 해놓지 않으면 결국 직장을 잃거나 사업이 위태롭거나 기타 결정적인 악영향을 초래하는 업무를 말한다. 이런 일들에 순위를 매겨두어라. 예를 들어, A-1, A-2, B-1, B-2와 같이 표식을 붙이거나 아니면 그냥 1에서 5 혹은 10까지 숫자를 부여하는 것이다. 그 일을 완료하기까지 걸리는 시간과 휴식 시간을 더해서 대략적인 소요 시간을 계산한다.

이 작업이 끝난 다음에는 중요하지만 아직 급하지 않은 일들의 순위를 정하라. 즉, 이 일들이 긴급 상황이나 위기로 발전하기 전에 미리 해놓는 것이다. 이런 업무나 활동을 마무리해놓음으로써 항상 발등의 불을 끄면서 스트레스 받는 상황을 미연에 방지할 수 있다. 쓸모없는 회의나 방해가 되는 활동은 멀리한다. 그다지 중요하지 않은 이런 일들을 자칫하면 최우선 순위처럼 취급해버리기 쉽기 때문이다.

급하지도 않고 중요하지도 않은 일들은 가장 낮은 순위이고 별 가치도 없으므로 내버려두는 편이 좋다. 어떤 사람들은 하루 종일 급한 불을 끄느라 힘이 다 빠진 저녁 시간에 사소한 업무를 마저 처리하려고 한다. 그러나 만약 당신이 이런 경우라면 스트레스 감소 프로그램을 그보다 급선무로 삼으라. 그렇지 않으면 탈진의 피해자가 될게 뻔하다.

내 인생의 페이퍼 잼

방해받지 않고 일할 수 있는 사람은 아무도 없다. 전화든 방문객이든 방해는 인생의 일부이다. 하던 일로부터 잠시 쉴 틈을 얻는다며 방해를 그리 귀찮아하지 않는 사람들도 있다. 상대편이 불쾌해할까 싶어 방해를 해도 내버려두는 경우도 있다. 어쨌든 방해는 원하든 원하지 않든 당신의 시간을 앗아간다.

당신의 시간을 존중하지 않고 앞으로도 그럴 의사가 없는 사람들도 있다는 사실을 명심하라. 그들은 별로 급하지 않거나 자신에게만 중요한 일을 가지고 불쑥 들어와서는 방해를 한다. 그저 수다를 떨려고 찾아오는 이도 있다. 부하 직원이 맡은 일을 끝낼 수 없다고 하소연하며 당신에게 일을 떠넘길 수도 있다. 그러면 당신은 좋은 상사로서의 의무감에, 혹은 부하 직원이 일을 그르칠까 봐 너무나 걱정되어 그 문제를 대신 처리해준다.

그러나 결과는 항상 같다. 우선순위를 저버린 대가로 시간만 낭비하게 될 뿐이다. 당신은 분명하게 선을 그어야 한다. 사람들에게 맡은 일이 너무 많으니 방해하지 말고 더 이상 다른 일일랑 맡기지 말라고 알려야 한다.

우리는 생산성을 저하시키는 방해를 사전에 방지하기 위해 예방 조치를 취할 수 있고 또 그래야 한다. 업무 중에 자주 방해를 받는 까닭은 일하는 장소가 방해를 유도하도록 되어 있기 때문이기도 하다. 누구라도 들어와서 말을 걸 수 있도록 책상이 배치되어 있지는 않은가. 책상에 앉았을 때 전면에 보이는 곳과 방향이 어떤지 살펴보라. 사람들이 지나다니는 길에서 당신이 보인다면 그들은 가다가 멈춰 서서 당신에게 말을 걸 것이다. 책상을 문이나 입구로부터 떨어진 곳으로 옮겨라. 아니면 사람들의 시야가 닿지 않는 곳으로 숨겨라.

가능하다면 사람들에게 당신이 대화할 수 있는 시간이 언제인지를 알려주어라. 공개 시간 정책이 있는 회사라면 특정한 시간을 정하라. 그리고 사람들에게 문이 잠겨 있으면 중요한 회의 중이거나 어렵고 복잡한 문제를 처리하는 중이므로 방해해서는 안 된다고 알려라. 재미있는 문구를 문에 붙여놓을 수도 있다. '미치기 일보 직전임. 한 시간 후에 오시오' 혹은 '프로젝트에 갇혀 있음. 출감하면 봅시다' 식으로 말이다. 이 시간에는 전화도 받지 마라. 나중에 전화 메시지를 분류하고 중요도에 따라 전화를 걸라.

최종 기한이 얼마 남지 않은 일을 하는 와중에 누군가 들어오려 하면 먼저 일어나 문 쪽으로 가서 이야기를 하라. 웬만하면 그 의미를 알아차릴 것이다. 회의 시간을 나중으로 잡으라. 사람들이 들르거나 오래 머물지 않도록 의자를 모두 치워버릴 수도 있다. 어떤 매니저가 내게 들려준 말에 따르면, 그는 사무실에 접이식 의자를 두고 평소에는 보이지 않는 곳에 숨겨놓아 방문객이 오래 머물 수 없게 한다고 한다.

이처럼 당신의 시간이 소중해서 낭비할 수 없다는 메시지를 보내야 한다. 대부분의 사람들은 당신을 무례하다고 기분 나빠하기보다 그저 생산적이라고 여길 것이다. 당신이 생각조차 못할 만한 방해 요소가 하나 더 있다. 바로 책상 위의 사탕 단지이다. 만약 사탕 단지를 책상 위에 두고 있다면 지금 당장 숨겨라. 사탕 단지는 자석처럼 사람들을 당신의 사무실로 끌어들이기 때문이다.

한 협회의 부장은 커다란 탁상시계를 두고서 방문한 사람들에게 자신이 어느 정도의 시간을 할애할 수 있는지 알도록 시계를 그들 방향으로 돌려놓는다고 한다. 그들은 대부분 시간이 다 되기 전에 할 말을 다 끝낸다는 것이다. 이 때문에 그는 '시계 사나이'라는 별명을 얻었지만 이제 사람들은 그의 시간을 존중한다.

물론 오랫동안 사용되어온 방법이 있기는 하다. 비서를 시켜서 중요한 전화가 왔다든지 혹은 참석할 회의가 있다고 전화하게 하는 것이다. 상습적인 방해꾼이나 원치 않는 손님을 쫓기 위해 많이 사용되어온 방법이다. 그러나 이런 방법은 사람들이 눈치를 채고 나면 효과가 없을 뿐만 아니라 당신을 무례하게 여길 수 있다.

경영진인 당신에게 부하 직원들이 해결할 문제를 들고 찾아오면 다음과 같은 간단한 방법을 써보라. 그들에게 문제 해결을 위한 제안을 가지고 올 때만 기꺼이 돕겠다고 말하는 것이다. 또한 다른 사람에게 의견을 미리 물어보고 오라고 말하라. 그들은 당신에게 도움을 요청하러 오기 전에 잠시 생각할 것이다. 그러면 당신을 귀찮게 하지 않고도 직원 스스로 답을 찾는 경우도 많다.

기술을 활용하라

휴대폰과 호출기의 출현으로 지난 10년간 사람들은 하루 24시간 내내 서로 연락을 취할 수 있게 되었다. 바로 이런 이유로 우리는 차 안에 있거나 집에 있을 때에도 일을 한다. 기술은 균형 잡힌 삶에서 우리를 멀리 떼어놓았다. 휴대폰 번호를 바꾸고 몇몇 사람들에게만 알려주는 방법은 어떨까? 당신의 휴대폰 번호를 알고 있는 사람이 몇 명인지 생각해보라. 항상 당신에게 전화를 걸어 상황을 해결하도록 만드는 사람들이 많은가? 그렇다면 이런 전화를 받고 급한 불을 끄느라 최우선의 일을 하지 못한다는 사실을 깨달아야 한다.

헤드세트는 생산성을 향상시킨 최고의 기술이다. 주된 업무가 통화라면 헤드세트를 쓰는 편이 좋다. 뻣뻣한 목과 두통을 안고 퇴근할 일이 줄어든다. 헤드세트를 쓰면 멀티태스킹이 가능할 뿐만 아니라 통화를 하는 동안 스트레칭을 할 수도 있다. 내 헤드세트는 줄이 매우 길어서 사무실을 돌아다니며 통화할 수도 있다. 그러면 몸 안에 에너지가 생기고, 내 목소리도 상대에게 더 힘차게 전달된다.

아침형 인간과 점심형 인간

사람마다 에너지를 최대한 낼 수 있는 시간이 따로 있다. 사람들은 보통 아침에 잠자리에서 막 일어났을 때 에너지가 가장 높다. 나는 이런 사람들을 '아침형 인간'이라고 부른다. 또한 이른 아침보다는 시간이 지나면서 에너지가 더 생기는 '점심형 인간'도 있다. 어떤 사람들은 밤에 자지 않고 깨어 있기를 좋아한다. 하루 중 언제 에너지가 가장 높고 정신이 명료한지를 생각해보라. 바로 그 시간에 뛰어난 사고력과 창의성을 필요로 하는 까다로운 프로젝트와 업무를 처리해야 한다.

하지만 에너지가 샘솟는 시간에 당신이 좋아하는 일만 하는 실수를 저지르지는 마라. 사람들은 그런 식으로 더 빠르게 일해서 쉽고 즐거운 업무를 모두 끝낼 수 있다고 말한다. 그러나 당신은 결국 가장 어렵고 재미없는 일들을 뒤로 미루는 바람에 미루기의 악순환에 빠지게 될 것이다.

쉬운 일과 어려운 일

당신이 왜 일을 미루는지 분석해본 적이 있는가? 아마도 그 분석마저 뒤로 미루고 있을 것이다. 내가 내린 결론을 말하자면, 인간은 본성상 두려운 일을 뒤로 미루게 마련이다는 것이다. 우리는 너무나 거대해 보이거나 이해하기 어려운 것을 두려워하는 경향이 있다. 혹은 실수할까 봐 겁을 먹는다. 특히 당신이 완벽주의자라면 처음에 일을 시작하는 단계에서 더 힘들 것이다. 자신이 하는 일이 과연 맞는지 확신해야 하는 성격 탓이다.

사람들이 일을 뒤로 미루는 이유는 간단하다. 그저 특정한 업무나 프로젝트를 하고 싶지 않기 때문이다. 대부분은 불유쾌하거나 지루하거나 힘들거나 아주 복잡한 일보다는 기분 좋게 할 수 있는 일을 먼저 하려는 경향이 있다. 쉬운 일을 먼저 하고 가장 어려운 일은 뒤로 미루는 것이다. 마치 나중에 즐겁게 그 일을 할 수 있는 마법 같은 때가 오리라고 착각하는 듯하다. 그러나 명심하라. 시작하지 않으면 절대 끝낼 수 없다!

즐겁지는 않지만 해야 할 일

인생에는 즐겁지는 않지만 해야 하는 일들이 있다. 그것이 성공적인 삶의 중요한 일부를 이룬다. 수년 동안 내가 만트라로 써오면서 세미나의 참가자들에게도 큰 영향을 미친 오래된 속담이 하나 있다. 그것은 바로 '승자란 패자가 하기 싫어하는 모든 일들을 한 자이다'라는 말이다. 누가 처음으로 했는지는 모르지만 절대 반박할 수 없는 진리이다. 불유쾌한 일은 지금 하든 나중에 하든 똑같이 불유쾌하다. 그러나 지금 하면 압박과 스트레스를 덜 받는다는 이점이 있다.

마지막 순간까지 일을 뒤로 미루면 오히려 압박을 받아서 더 잘할 수 있다고 주장하는 사람들도 있다. 어떤 사람들은 일을 더 빨리 할 수 있는 능력이 생긴다고도 한다. 그러나 연구 결과에 따르면 이런 경우 일을 더 잘하는 것이 아니라 더 빨리 하는 것뿐이다. 속도만 빠른 일처리는 실수를 하게 되거나 실제 능력에 못 미치는 결과를 내기 쉽다. 그런 만큼 실수를 고쳐야 하거나 상사로부터 프로젝트가 기대 이하라는 질책을 듣게 되므로 스트레스가 가중된다.

긍정적인 자기 암시는 미루는 버릇을 고칠 수 있는 좋은 방법이다. 스스로를 채근하여 불유쾌한 일을 빨리 끝내도록 해야 한다. '지금 시작해' 또는 '끝내버려'라는 말을 자신에게 계속하면 일을 시작하기가 쉬워진다. 일단 일을 시작하면 끝이 보일 때까지는 그 일에 매달려라. 물론 단번에 끝내는 것이 최선이다.

만약 프로젝트가 매우 복잡하다면 관련된 모든 업무와 활동을 목록에 적은 다음 우선순위를 정하라. 때에 따라 프로젝트나 업무를 더 작은 단위로 쪼개서 매일 조금씩 해나가는 것도 좋은 방법이다. 그럴 만한 여유를 부릴 상황이 아니라면 가장 힘든 부분을 먼저 공략하라. 그러면 나머지 부분이 더 쉽게 느껴질 것이다. 그 힘든 부분은 에너지가 왕성하고 정신이 가장 맑을 때 착수해야 한다. 만약 이 방법이 통하지 않으면 약간 쉬운 부분부터 시도해서 계속 밀고 나갈 동기를 스스로에게 부여하라. 최종 기한 내지 자신만의 내부 기한을 정하고 그 기한에 맞추기 위해 노력을 기울여라. 시간을 잘 관리하는 사람들의 최종 기한은 방해 요소로 인해 변경되지 않는다. 항상 휴식을 취하면서 스트레칭, 운동 및 명상을 하라. 그리고 일을 완수하면 자신에게 상을 주어라. 나는 이 책을 탈고한 후에 멋진 휴가를 떠날 계획이다.

서류 더미 다스리기

나는 시간 관리 세미나를 할 때 항상 서류 더미에 관한 주제로 토론을 시작하면서 먼저 몇 가지 질문을 던진다. 예를 들어, '서류와 쓸데없는 물건들 때문에 몇 달 동안 책상이 어떻게 생겼는지 보지 못한 분들은 손들어보십시오'라는 식이다. 대부분의 참석자들이 손을 든다. 다음 질문으로 '사무실 바닥이나 책상 주변에 서류 더미가 널려 있는 분들은요?'라고 묻는다. 역시나 참석자의 반 이상이 손을 든다. 마지막으로 또 묻는다. '직장에 공간이 부족해서 서류 더미를 집에까지 가져가서 보관하시는 분

혹시 계십니까?'라고 말이다. 수줍게 웃거나 겸연쩍게 너털거리며 손을 드는 참석자들의 숫자에 그저 기가 막힐 뿐이다.

나는 참석자들에게 그 모든 서류 더미들을 여기저기 늘어놓아야 하는 이유를 적어보라고 부탁한다. 아무도 마땅한 이유를 대지 못한다. 물론 몇몇 사람들은 각각의 서류 더미에 무엇이 있는지 잘 알고 있다고 주장한다. 그렇다면 그들에게 그 서류 더미들은 정돈된 혼란과 같다. 마침내 내가 그 불합리함과 위험성에 대해 설명하면, 그들은 자기들의 방식이 효과적인 정돈 방법이라고 스스로를 속여왔다는 사실을 깨닫는다. 자, 당신도 주변의 서류 더미들을 지배하라.

버릴 것은 버려라

장담하건대 당신 역시 필요하지 않은데도 불구하고 남겨둔 서류가 많을 것이다. 그중 25~50%는 폐기해도 결코 다시 찾지 않을 쓸모없는 것들이다. 실제로 서류가 적을수록 좋다. 그런 의미에서 휴지통과 문서 절단기는 사무실에 꼭 갖춰놓아야 할 필수품이다.

책상과 바닥에 널려 있는 모든 서류 더미들은 업무의 주된 방해 요인이다. 그것들은 코앞에 닥친 우선순위의 일에 집중하지 못하도록 방해한다. 각각의 서류 더미들이 당신에게 '나를 봐줘요', '나 여기 있어요', '다음에는 내 차례예요'라고 부른다고 가정해보라. 한 번에 하나씩만 처리할 수 있다는 사실을 인정하고 서류 더미들을 치워버려라. 직장이나 사업의 운명에 결정적인 일을 하는 데 방해가 되지 않도록 말이다.

사실 서류나 파일을 찾느라고 낭비하는 시간이 꽤 많다. 서류를 찾으면서 느끼는 분통과 좌절감은 스트레스로 이어진다. 서류 더미를 버리지 않고 쌓아두면 중요한 서류와 섞이게 마련이다. 서류를 파일로 정리하거나 버리는 습관을 들여야 한다. 스스로에게 다음과 같은 질문을 던져보라.

- 얼마나 오래된 서류인가? 현재 필요성이 없을 정도로 오래된 것인가?
- 마지막으로 그 서류를 사용한 때가 언제였나?
- 그 서류가 다시 필요할 확률은 얼마인가?
- 나중에 필요할 경우 서류를 다시 만들거나 정보를 다시 조사할 수 있는가?

종이호랑이 무찌르기

오래된 서류든 새 서류든 서류를 가지고 할 수 있는 일은 기본적으로 세 가지뿐이다. 즉, 남에게 위임하거나 지금 처리하는 방법, 나중에 사용하기 위해 논리적으로 분류해서 파일로 정리하는 방법, 마지막으로 휙 던져버리는 방법이다. '잠시 생각해볼 만한 서류' 내지 '책상 구석에 놓았다가 잠시 후에 다시 볼 서류' 같은 종류는 없다.

책상 위를 지배하라. 책상 위의 서류 더미들이 아마도 가장 중요할 테니 먼저 그것들을 정리하라. 최우선 순위나 진행하고 있는 프로젝트만 책상 위에 올려놓고 모두 치워버려라. 책상이 깨끗하면 기분도 좋다. 매일 퇴근 전에 책상을 치우고 다음날 가장 먼저 처리할 일을 올려놓아서 출근하자마자 즉시 시작할 수 있도록 하라. 깨끗하게 치우고 분류하고 파일로 정리하는 일은 에너지가 저하될 때나 정신적인 활력이 부족할 때 하라.

필요한 서류를 신속하게 찾을 수 있도록 효율적인 정리 체계를 갖추라. 당신의 정리 체계가 효과적으로 기능하기 위해서는 적어도 일주일에 한 번씩은 서류를 정리해야 한다. 그렇지 않으면 또다시 서류 더미에 압도당하고 말 것이다. 책상을 정리한 다음에는 바닥에 널린 파일을 정리할 차례이다.

파일을 만들 때는 분류 방식을 광범위하게 잡으라. 가나다 순으로, 연대기 순으로, 색깔별로, 기타 당신의 상황에 맞는 방법으로 파일을 만들라. 그 정리 체계는 당신은 물론 그 파일을 참고하는 다른 직원들이 찾아보기에도 쉬워야 한다. 각 파일 폴더에 보관된 서류의 제목 내지 종류를 목록으로 정리해놓아라. 서류함에 들어 있는 모든 파일을 가나다 순으로 정리한 다음 위쪽에 견출지를 붙여두라. 각 파일을 손가락으로 뒤져서 찾는 것보다 견출지를 보는 편이 훨씬 쉽다. 이 방법은 적어도 당신이 서류함의 번지수를 제대로 찾았는지 확인시켜준다. 직원들에게 파일 폴더를 제거할 일이 생기면 누가, 언제 그 폴더를 없앴는지 기재하도록 하라. 그렇지 않으면 없어진 파일을 찾느라 몇 시간을 허비할 수도 있다.

우리는 매일 우편물 세례를 받는다. 에너지가 낮은 때에 이런 우편물을 정리하는 시간을 가져라. 사람들은 통화 대기 중이거나 팩스를 보낼 때 우편물을 정리한다고들 한다. 우편물에는 보통 골똘히 생각하지 않아도 되는 것들이 많다. 그러나 답신을 쓸 때 창의적인 생각이 필요하다면 에너지가 정점에 오르는 시간에 처리하라. 우편물을 보다가 새로이 잡힌 일정을 확인하면 즉시 일정표에 적어넣으라. 잡지는 대충 훑어보면서 중요한 기사를 잘라낸 다음 필요할 때 참고하도록 파일에 정리해 두라. 이렇게 하면 잡지들이 바닥에 널브러지는 사태를 방지할 수 있다.

정리하지 않는 나쁜 습관을 개인 생활에까지 끌고 와서 쓸모없는 물건 사이를 이리저리 넘어다니는 사람들도 많다. 어떤 사람들은 쇼핑에 중독되어 많은 물건들을 수집하는 데 집착한다. 그들은 버리는 비용이 무서워 평생 물건들을 이고 산다. 수년간 사용하지 않은 물건들을 왜 아직도 집 안에 쌓아두고 있는가? 장담하건대 그중 일부는 박물관에 가져가도 될 만큼 낡았을 것이다. 일부러 시간을 내서라도 널린 물건들을 정리하고 더 이상 쓰지 않는 물건들은 모두 버려라. 매일 혹은 매주 조금씩 정리해 나가라. 집이 정돈될수록 인생의 긴장도 줄어든다.

회의는 지겨워

우리는 쓸데없는 회의로 엄청난 시간을 낭비한다. 많은 사람들에게 회의는 의사록이 작성되는 동안 낭비되는 시간으로 인식될 뿐이다. 만약 당신이 회의를 진행하는 위치에 있다면 그 회의가 진정으로 필요한지 자문해보라. 이메일이나 전화 통화로 똑같은 결과를 낼 수는 없는가? 수많은 부서와 회사에서는 매주 월요일 아침에 회의를 위한 회의를 갖는다. 회의의 확실한 목적이나 진정한 필요성도 없고, 진행자는 대충 시간을 채우기에 바쁘다. 정말 필요할 때만 회의를 열라. 회의를 소집해야겠으면 분명한 회의 안건과 최소 참석 인원을 꼼꼼히 점검하라. 그 자리에 있을 이유도 없으면서 시간만 빼앗기는 사람들은 부르지 마라. 참석하라는 요청을 받았는데 해당 사항이 전혀 없는 회의라면 이유를 대고 빠져라.

사전 계획이 열쇠이다

회의에서 다룰 특정 문제에 대한 의제를 정하고 각 사항에 일정한 시간을 할당하라. 회의를 시작하기 전에, 특히 그 회의가 창의성이 요구되고 어려운 결정을 내려야 하는 자리라면 약간의 재미를 느낄 수 있도록 유도하라. 웃음은 사람들의 긴장을 풀어주고 창조적인 기의 흐름을 원활하게 한다.

검토하는 문제인 경우 식견과 경험이 풍부한 사람에게 토론을 맡겨라. 당신의 책임을 조금 덜고 다른 사람에게 위임해도 괜찮다. 회의 참석자 모두에게 미리 의제를 알려서 회의에 준비된 자세로 임하도록 하라. 모든 사람들이 볼 수 있도록 의제를 플립 차트에 적어놓으라. 서기를 정하고 회의 내용을 정리하여 회의 후 24시간 이내에 모든 참석자에게 보내라. 회의 내용에는 누가 언제까지 다음 일을 처리할 것인지가 명확히 적혀 있어야 한다.

회의는 제 시간에 시작하고 끝내라. 늦는 사람이 있더라도 기다리지 마라. 이미 한 말도 되풀이하지 마라. 그렇게 하면 나쁜 행동을 칭찬하고 제 시간에 온 사람을 무시하는 결과가 된다. 어떤 매니저들은 일단 회의가 시작되면 회의실의 남은 의자를 모두 밖으로 내놓는다고 한다. 늦게 참석한 사람은 회의 시간에 서 있도록 말이다.

실제로 어떤 회사는 지각한 사람에게 우스꽝스런 모자 또는 옷을 걸치게 하거나 구석에 앉히거나 벌금을 내게 한다. 이때 분위기를 밝고 재미있게 유도하되 모욕감을 주어서는 안 된다. 지각한 사람에게 회의 내용을 정리해서 회의 후에 모든 참석자들에게 돌리도록 시킬 수도 있다. 사람들에게 당신이 진지한 자세로 회의를 진행한다는 사실을 알려라. 그러면 그들도 진지한 자세로 회의에 참석할 것이다.

회의를 원활하게 진행하기 위해 의자 없이 회의하는 방법을 고려해보라. 이 방법은 바쁠 때 효과적이다. 많은 사람들은 이 시간 관리에 관한 다음 항목에 답해보고 당신의 습관과 관행을 고칠 필요가 있는지 살펴보라. 당신의 하루를 관찰하고 '아니오'라고 답한 부분과 관련된 습관을 고쳐라.

매일 내 시간을 관리하기 위해 의식적으로 노력을 기울인다.	예 아니오
1년에 한 번 시간일지를 보면서 습관을 점검한다.	예 아니오
매일 하루를 계획하고 일정을 짜는 데 최선을 다한다.	예 아니오
목표를 정하고 이를 성취할 때까지 고수한다.	예 아니오
중요한 일은 나중에 급해지기 전에 미리 처리한다.	예 아니오
방해 요인을 다루는 데 능숙하다.	예 아니오
요청을 거절할 줄 안다.	예 아니오
필요한 회의에만 참석한다.	예 아니오
조용하게 머리 식힐 시간을 낸다.	예 아니오
소수의 정해진 사람에게만 휴대폰 번호를 알려주었다.	예 아니오
생산성을 높이기 위해 기술을 이용한다.	예 아니오
어려운 업무는 에너지가 높은 시간에 한다.	예 아니오
미루지 않는다.	예 아니오
적절한 상황에서 업무를 위임할 줄 안다.	예 아니오
매일 퇴근하기 전에 책상을 정리한다.	예 아니오
필요한 것이 어디에 있는지 찾을 수 있다.	예 아니오
필요하지 않은 물건은 즉시 버린다.	예 아니오
나는 완벽주의자가 아니다.	예 아니오
다른 사람들의 시간을 빼앗지 않는다.	예 아니오
스트레스 해소하는 시간을 갖는다.	예 아니오

방법이 더 생산적이라고 입을 모은다. 방해 요인 때문에 샛길로 새지 마라. '방해하지 마시오'라는 알림판을 문 앞에 걸어놓고

의제에 집중하라. 한 사람을 지정해서 회의가 계속 제 궤도를 유지하도록 살펴보게 하라.

시간 관리는 스트레스를 관리한다는 뜻이다(【4.2】 참조). 이 둘은 서로 불가분의 관계에 있다. 당신은 이제 시간을 절약하고 더 효율적으로 일하는 방법을 파악했을 것이다. 하기 싫은 일을 미루지 말고 미리 해놓도록 노력을 기울이라. 물론 나쁜 습관을 반복하며 살 수도 있지만 그렇다면 결코 변화하지 못한다. 베라 요기*의 말처럼 목표를 정하지 않으면 목표를 이루지 못한 것을 후회할 수도 없다. 선택은 당신의 몫이다.

*Berra Yogi: 본명은 로렌스 피터 벨라로, 가난한 어린 시절을 극복하고 양키스에서 활약한 MLB 역사상 가장 위대한 포수 중 한 명

05 즐거운 스트레스 전략

웃음은 효과적인 건강 특효약이다. 스트레스로 찌든 현대 사회에 살다 보면 '웃음은 만병통치약'이라는 오래된 속담이 절절이 가슴에 와 닿는다. 의사들은 웃는 환자들이 화내고 비참해하는 환자보다 병에서 더 금방 회복된다는 사실을 예전부터 알고 있었다. 웃음에는 엄청난 치유력이 있다. 유머가 스트레스 해소법이 되는 이유는 웃는 동안에는 화내거나 긴장하지 않기 때문이다.

보통은 우스운 대상 때문에 웃게 되지만 그렇지 않은 경우도 있다. 매일 일어나는 사소하고 귀찮은 문제나 고생거리 때문에 웃기도 하며, 이상한 상황에서 웃을 이유를 찾아내는 사람들도 있다. 웃음은 개인적이고 충격적인 상실을 극복하려는 사람들에게 위안을 준다. 고난을 딛고 일어설 힘을 주고, 매일 닥치는 어려움과 장애에도 계속 전진할 수 있게 해준다.

유머는 만병통치약

웃을 때 혈액 속의 스트레스 유발 호르몬이 감소된다고 하니 웃음이 스트레스를 줄인다는 데에는 의심의 여지가 없다. 맘껏 웃는 동안 호흡은 거의 헐떡거리는 정도로 빨라지고 깊어지며, 더 많은 산소를 들이마셔서 폐가 깨끗해진다. 심장박동수는 빨라지고 더 많은 산소를 몸 곳곳으로 보낸다. 그 결과 근육 결림과 긴장이 풀어진다. 턱과 목 근육이 스트레칭되면서 가슴 및 위 근육도 함께 움직인다. 계속해서 웃게 되면 이런 과정이 되풀이된다. 그래서 다 웃고 나면 위 근육이 완전히 이완된다. 마치 유산소 운동을 한 듯이 말이다. 다만 땀이 나지 않을 뿐이다.

제발 웃어라

웃음은 타액에서 발견되는 '면역 글로불린IGA'의 양과 관련이 있다. 이 물질은 감기, 독감 및 기타 호흡기 질환을 예방하는 신체의 자연적 면역 체계의 일부분이다. 더 많이 웃을수록 IGA 수치가 높아진다. 그리고 T-림프구 또는 T-세포로 알려진 자연

살균 세포의 수치도 높아진다. 따라서 더 많이 웃는 사람일수록 스트레스가 적고 병에 덜 걸린다.

유대인들의 옛 속담에 '배고프면 노래하고, 아프면 웃어라'라는 말이 있다. 또한 웃음의 통증 완화 효과를 증명한 연구 결과도 있다. 웃음은 혈액 속에 있는 강력한 자연 진통제인 엔도르핀의 양을 증가시킨다. 노먼 커즌즈는 그의 베스트셀러 《질병의 해부Anatomy of an Illness》(1979)에서 자신의 생명을 위협한 고통스런 결합 조직 질환을 치료하기 위해 유머와 웃음을 사용한 과정을 자세히 설명하고 있다. 그는 일부러 병원에서 나와 우스운 내용의 이야기 책을 읽고 〈마르크스 형제〉, 〈몰래 카메라〉, 〈세 얼간이〉 등 재미있는 영화를 보면서 몇 시간씩 보내곤 했다. 그러면 놀랍게도 통증이 가라앉았다고 한다. 그에 따르면 정신없이 10분을 웃고 나면 약 두 시간 정도 통증을 가라앉힐 수 있었다는 것이다. 결국 그는 웃음이 병을 치료한 주요한 요소라고 결론 내렸다.

병원 내에서 열리는 피에로 공연의 경우 그 치료 촉진 효과에 대해 연구된 바도 없고 의학 저널에 자주 언급되지도 않았지만 효과적인 예를 주변에서 많이 찾아볼 수 있다. 예를 들어, 영화로 만들어지기까지 한 패치 아담스 박사의 이야기를 들어보았을 것이다. 그는 심각하게 아프고 우울한 사람이라도 피에로 공연에 반응을 보이고 웃는다는 사실을 증명하였다. 의학 박사인 레이먼드 무디는 그의 저서 《웃음은 웃음을 낳는다

laugh after laugh》에서 그러한 많은 사례를 언급하였다. 그의 말을 들어보자.

사실 내 눈으로 보고 그에 대한 많은 보고서를 찾아보지 않았다면 아마도 직접 언급하기 꺼렸을 것이다. 실제로 어릿광대가 익살맞은 행동을 보여줌으로써 의사와 간호사가 모든 노력을 기울였음에도 실패한, 자신의 세계에 갇혀 나오지 않거나 반응을 보이지 않는 환자들의 상태를 회복시키는 경우가 있다. 어릿광대들도 그 사실을 잘 알고 있다. 어릿광대 일을 꽤 오랫동안 해오면서 광대 옷에 우스꽝스런 분장을 하고 병원을 정기적으로 찾는 내가 아는 모든 사람들에게서 그런 사례를 많이 들을 수 있다. 의사들도 대체적으로 이런 사실을 인식하고 있다(1978).

나는 오래전에 무릎 부상을 입은 적이 있는데, 특정한 활동을 할 때마다 그 통증이 재발하곤 했다. 그러나 시간이 지나면서 이 증상에 초연해졌고, 긍정적인 자기 암시와 명상을 통해 통증을 완화하는 법을 배웠다. 무릎 통증과 관련된 일화가 있다. 언젠가 뜰에서 웅크리고 앉아 일한 다음날이었는데 무릎이 정말 쑤시고 아팠다. 그날 저녁 나는 아내와 함께 친구들을 만나 동네 코미디 클럽에서 공연을 보았다. 두 시간 동안 그야말로 쉬지 않고 가슴이 터져라 웃어젖힌 공연이었다. 그런데 코미디언이 펼치는 우스꽝스러운 공연이 중반쯤 지날 무렵, 무릎에서 더 이상 통증이나 화끈거림이 느껴지지 않았다. 그 공연이 끝나고 몇 시간이 흐르자 이따금 통증이 느껴졌지만 전보다 훨씬 덜했다. 그러니 웃음을 진통제라 부를 만하지 않은가.

웃음은 우리의 감정 상태에 놀랄 만큼 긍정적인 영향을 미친다. 코미디언인 밀튼 벌은 언젠가 '웃음은 즉석 휴가'라고 말한 적이 있다. 웃음은 직장에서의 스트레스와 인생의 중압감을 잠시나마 잊게 해준다. 웃음을 통해 어려운 상황으로부터 자신을 분리시켜 생각하고 거리를 두고 바라보면 그다지 나쁜 상황은 아니라는 사실을 종종 깨닫는다.

유년 시절 감정적으로 고통을 받았던 이들이 자신의 상처를 극복하는 도구로 유머를 사용하기도 한다. 언젠가 코미디언 리처드 프라이어를 인터뷰하는 프로그램을 본 적이 있다. 그는 인터뷰에서 어머니는 창녀였고, 아버지는 폭력을 일삼았으며, 할머니는 심술궂었다고 털어놓았다. 그는 어린 나이에 자신에게 가족을 웃길 수 있는 능력이 있음을 깨닫기 시작했다. 가족들은 웃고 있는 동안에는 그에게 상냥했다. 유머가 그의 감정적인 고통과 상처를 극복하도록 도와준 셈이다. 만능 엔터테이너이자 코미디언인 캐럴 버넷은 여러 인터뷰에서 알코올 중독자인 부모를 둔 가정에서 성장한 이야기를 들려주었다. 그녀는 유머로 부모를 웃게 만들고 싸움과 다툼을 막았다. 유머를 사용함으로써 그녀의 인생은 더 편해졌고, 격한 감정에도 적절하게 대처할 수 있었다. 이처럼 유머와 웃음은 고통스런 과거를 극복하도록 도와준다.

그러나 코미디언만이 고통을 이기기 위해 유머를 사용하는 것은 아니다. 많은 사람들이 일상의 스트레스와 인생의 부조리에 대처하기 위해 유머를 사용한다. 긴장과 혼란 앞에서 웃을 수 있다면 커다란 도움이 된다. 힘든 상황에서 웃어버리면 그 상황과 자신을 분리시키면서 다른 각도에서 바라볼 수 있게 된다. 유머는 분노와 우울함을 향해 고공 낙하하는 우리를 구원하는 낙하산인 셈이다. 유머는 불쾌한 상황을 통제하여 새로운 관점으로 돌파구를 찾도록 도와준다.

코미디언인 빅터 보르그는 '웃음은 두 사람의 거리를 좁히는 가장 빠른 지름길이다' 라고 말했다. 웃음은 친교의 자리에서 사람들을 이어준다. 우리는 혼자 있을 때보다 친구나 친척과 함께 있을 때 더 많이 웃는다. 낯선 사람과의 어색한 자리에서도 우스갯소리 한마디에 즉시 사람들 사이에 친밀감이 형성되면서 대화가 오고 간다. 웃음은 인간관계를 더 빠르게 맺어주고 오래 지속시킨다. 누구나 함께 웃을 수 있는 사람들 주변에 머물고 싶어 한다. 재미있는 사람들에게 끌리고 그들과 함께 시간을 보내려고 한다.

나는 어릴 적에 웃음이 사람들에게 가져다주는 놀라운 즐거움에 대해 알게 되었다. 당시 우리 가족은 이층집의 위층에서 살았고 외조부모님은 아래층에서 사셨다. 나는 항상 외조부모님을 찾아뵈었으며 그분들의 곁에 있는 것을 워낙 좋아해서 어

떤 때는 부모님보다도 함께하는 시간이 많을 정도였다. 외조부
모님은 남부 이탈리아 태생으로 인생의 진정한 맛을 알고 계셨
다. 외할머니는 유머 감각이 특히 뛰어난 분으로 가족 소풍을
나가면 타란텔라* 춤을 제일 먼저 추셨고, 외할아버지는 최근
들어 이탈리아계 미국인들이 즐기기 시작한 보체**에 열중하셨
다. 외할머니는 항상 내게 농담을 해보라거나 춤을 추라거나,
내가 재미있다고 생각하는 것은 아무거나 해보라고 하셨다. 그
러면 나는 항상 그 요구를 받들어 외할머니에게 웃음과 즐거움
을 한 아름 안겨드렸다.

그러다 보니 내게 쏟아지는 관심이 매우 즐겁게 느껴졌다. 얼
마 후에 나는 학교 친구들은 물론 가끔은 선생님들까지 웃길 수
있게 되었다. 담임 선생님은 쪽지나 성적표에 평을 달아서 우리
집에 보내곤 했는데, 내가 공부에 더 신경을 써야 하며 교실에
서 우스꽝스런 행동을 그만두어야 한다는 내용이었다. 아버지
는 이런 평을 읽고 나서는 항상 내게 툭 던지듯 물으셨다. '네가
무슨 코미디언이라도 되느냐?' 그러면 나는 '네'라고 대답했던
것 같다.

이런 경험을 통해서 나는 사람들 앞에 서서 연설을 하고 싶다
거나 그들을 웃게 만들고 싶은 욕구가 잠재되어 있다는 사실을

*tarantella: 남부 이탈리아의 활동적인 춤
**bocce: 잔디에서 하는 이탈리아식 볼링

어렴풋이 깨달을 수 있었다. 나는 우스운 이야기를 가능한 한 많은 사람들에게 들려주고 싶었다. 유머는 내 인생에서 나만의 자리를 찾도록 이끌어주었다. 그러나 무엇보다도 유머가 없었다면 분주하고 정신없는 상황에서 스트레스를 이기지 못했을 것이다. 또한 유머는 내게 힘든 시기를 뚫고 나가는 원동력이 되었다. 부조리한 상황을 웃어넘길 수 있다면 인생을 살면서 비명을 지르고 싶은 시기도 무사히 넘길 수 있다.

나는 세미나에서 유머를 많이 동원한다. 그러면 사람들은 집중력이 더 높아지고 빨리 배우며 재미있어 한다. 웃으면 산소가 원활히 공급되기 때문에 청중의 정신은 더 깨어 있게 마련이다. 그들은 강연에 더 집중하고 재미있는 말이나 우스운 이야기가 나오기를 기다린다. 나는 청중의 규모가 작을수록 웃는 횟수가 적다는 사실을 깨달았다. 또한 청중의 대부분이 여성인 경우 웃음소리는 항상 더 크다. 남성이 대부분인 자리에서도 처음 웃음을 터뜨리는 사람은 항상 여성이며, 마치 남성들에게 웃어도 괜찮다는 신호를 보내는 것만 같다. 나는 이런 사실과 여성이 남성보다 심장 질환에 덜 걸리고 더 오래 산다는 통계 사이에 서로 연관성이 있지 않을까 생각했다.

나는 웃음이 수명을 연장시킨다고 믿는다. 예를 들어 보브 호프, 밀튼 벌, 조지 번스처럼 90세에서 100세까지 장수했을 뿐만 아니라 고령에도 꾸준하게 활동을 한 많은 코미디언들을 생각해보라. 그들의 말에 따르면 주위 사람들을 웃게 만들고 자신 역시 끊임없이 웃었던 생활이 활발한 두뇌 활동과 건강한 육체를 만들어주었다고 한다. 이를 뒷받침하는 연구도 있다. "90세나 100세까지 장수한 사람들을 대상으로 연구한 결과 가장 많이 나타나는 공통된 특징은 바로 건전한 유머 감각이다(Lizotte & Litak, 1995)." 아무리 과소평가한다 해도 유머에는 단점이 없다. 유머는 돈도 들지 않고 다른 사람들에게 긍정적인 영향을 준다.

웃으면 복이 와요

코미디언이나 풍자가가 아닌 이상 유머나 웃음거리를 찾으면서 하루를 보내는 사람은 많지 않다. 다음에 소개하는 방법을 일주일 동안 시도해보라. 하루를 보내면서 우스운 일들을 듣거나 보려고 의식적으로 노력하는 것이다. 사실 우리는 우스운 일에 둘러싸여 살면서도 깨닫지 못할 때가 많다. 작은 종이 위에 한 번 웃을 때마다 표시를 하라. 만약 못 견디게 재미있었다면 이에 대해 자세하게 적어놓고 나중에 다른 사람들과 함께 공유하도록 한다. 다른 사람들을 웃게 만들면 자신도 더 웃게 된다. 일상생활에서 유머를 찾으려는 의식적인 노력을 기울인 한 주가 지나면 종이 위에 많은 표시가 되어 있을 것이다. 이렇게 하다 보면 일상에서 재미있는 일들을 찾는 것이 습관이 된다. 나 역시 직접 겪거나 주변 사람들이 경험하는 재미있고 우스운 일들을 관찰해두었다가 그것을 우스운 농담이나 일화로 만들어 세미나에서 청중에게 들려주곤 한다.

웃음을 잡아라

웃음을 산다는 말이 이상하게 들리는가? 나와 아내의 취미는 웃기는 물건들을 갖춘 상점을 돌아다니는 것이다. 우리가 가는 상점들에는 재미있는 카드, 재치가 돋보이는 안내문, 우스꽝스러운 베개나 바닥 깔개 등이 있다. 그 덕분에 우리는 친구나 친척에게 생일 축하 카드를 보낼 때 재미있는 카드만 보낸다. 중고품 가게도 잊지 말자. 잊힌 물건 중에서 노다지를 찾아낼 수도 있다.

공공장소에는 재미있는 문구가 많다. 나는 수년 동안 재미있는 안내문을 사진으로 찍어서 세미나에서 활용하고 있다. 사람들은 그 사진들을 보고 배꼽을 잡고 웃는다. 예를 들어, 호텔 방의 욕실에서 흔히 볼 수 있는 한 안내문에는 '물을 틀기 전에 샤워 커튼을 욕조 안에 들여놓으십시오'라고 써 있다. 나는 그 사진을 보면서 청중에게 샤워 커튼을 다 떼어내서 욕조 안에 집어넣은 다음 그 위에서 샤워하기가 얼마나 어려운지 하소연한다.

내가 전에 머물렀던 한 호텔의 샤워기는 구조상 물을 틀고 샤워 모드로 바꾸고 온도를 조절하는 것이 너무 어려웠다. 그 작동법이 마치 미치광이가 고안해낸 것 같아서 어떻게 작동시키는지 알아내는 데 시간이 꽤 걸릴 것 같았다. 안내 데스크에 전화해서 사용법을 물어보고 싶었지만 멍청하게 보일까 봐 그만두었다. 그래서 나름대로 해결책을 모색하다 보니 그 상황이 너무나 우스꽝스럽다는 생각이 들기에 나중에 이 이야기를 청중에게 들려주어야겠다고 생각했다. 어느 날, 한 협회에서 온 약 1500명의 청중에게 기조연설을 하려던 참이었다. 나는 다음과 같은 질문으로 연설을 시작했다. '샤워기 사용법을 알아내지 못해서 오늘 이 자리에 늦을 뻔한 분 혹시 계십니까? 아니면 저 혼자뿐입니까?'라고 말이다. 청중은 박수를 쳐대었고, 연설장은 그야말로 웃음바다가 되었다. 항상 우리 주변에는 유머와 우스꽝스런 일들이 널려 있다. 눈을 크게 뜨고 그런 일들을 찾아보라.

미소는 당신과 타인의 연결 고리이다. 사교 모임에서 다른 사람들과 함께 웃고 미소를 지을수록 더 많은 사람을 만날 확률이 높다. 나는 연설 의뢰를 한 단체의 칵테일파티에 참석할 기회가 종종 있다. 그런 모임에서는 보통 아는 사람도 없고 내 이름표도 아직 만들어지기 전이다. 그러나 흥미롭게도 내가 가볍게 미소를 지으며 파티장을 돌아다니면 사람들이 보통 먼저 다가와서 말을 건넨다.

미소에 어떤 효과가 있고, 특히 미소 짓는 사람의 기분이 얼마나 좋아지는지에 대해 앞에서 이미 언급한 바 있다. 긴장되거나 짜증 나는 상황에서 미소를 지으면 기분이 곧 차분해진다. 어찌된 일인지 일부러 미소를 지어내도 효과는 마찬가지이다. 나는 교통 체증 속에서 다른 사람들이 욕설을 주고받으며 빨간 신호등에 흥분하는 동안 미소를 짓는다. 또한 대형 마트의 계산대에서 줄서서 차례를 기다릴 때 사람들이 투덜대고 불평하는 동안에도 미소를 짓는다. 어차피 교통 체증이나 긴 줄 속에 갇혀 있을 바에야 차분한 기분으로 여유롭게 기다리는 편이 낫다고 나름대로 계산했기 때문이다. 왜 스스로를 비참하게 만드는가? 선택은 당신의 몫이다. 기다려야 하는 상황을 받아들이면서 좋은 기분을 유지하든지, 아니면 상황을 감정적으로 받아들여서 화내고 스트레스를 받든지, 둘 중 하나이다.

엉뚱한 생각을 하라

자신이 어떤 것에 웃음을 터뜨리는지, 자신이 어떤 종류의 유머 감각을 지니고 있는지 생각해본 적이 있는가? 대부분의 사람들은 자신을 크게, 오랫동안 웃게 만드는 요소가 무엇인지 분석하지 않는다. 농담, 재미있는 일화, 즉흥적인 개그, 풍자, 우스운 게임들 중에 어떤 것이 좋은가? 당신의 유머 신경을 자극하는 것이면 무엇이든 더 많이 접할 필요가 있다. 물론 자리에 앉아서 재미있게 할 만한 일이나 웃기는 대상을 목록으로 작성하는 사람은 거의 없다. 대부분 웃음을 터뜨리는 상황은 갑자기 일어나기 때문이다. 그러나 혼자 혹은 가족이나 친구와 함께 즐

소극장의 코미디 공연(코미디 클럽, 코미디극)
코미디 채널
코믹 시트콤
카드 가게
유머 모음집
코믹 영화
스탠드업 코미디를 담은 비디오테이프, CD, DVD
재미있는 게임
자신 혹은 다른 사람들의 재미난 이야기
우스운 만화를 오려서 수집하고 주위 사람들에게 알려주기
우스운 카드, 베개, 바닥 깔개, 안내문, 슬로건
마술용품 가게
중고품 가게
장난감 가게, 취미 관련 용품 가게
애완동물 가게, 동물원
아이들이 노는 모습 바라보기

길 수 있는 일들을 적극적으로 찾다 보면 웃을 일이 더 많아진다. 【5.1】에서 아이디어를 얻어보라.

재미있는 사람과 어울려라

당연한 소리 아니냐고 하겠지만 때때로 다음과 같이 해볼 필요가 있다. 가까운 친구들의 이름을 목록으로 작성하고 그들이 얼마나 재미있는지, 또는 그들과 함께 있으면 얼마나 웃게 되는지에 대하여 1점에서 5점까지 점수를 매겨보라. 그들과 심각한

대화만 하는가? 아니면 재미있는 이야기를 많이 나누는가? 물론 진지한 대화만 하는 친구가 나쁘다는 것이 아니다. 그러나 그들 외에도 재미있고 쾌활한 친구들과 가까이 지낼 필요가 있다. 장난과 웃음은 다른 사람에게 전염되기 때문이다. 우리 부부와 가장 절친한 친구들의 공통적인 특징은 끊임없이 쏟아내는 웃음과 때때로 보이는 얼빠진 행동이다. 대학 시절에 룸메이트였던 빌은 유머 감각이 거의 신적인 수준이다. 정말 엉뚱하기 그지없는 그와 함께 있다 보면 진정한 즐거움이 무엇인지 알 것만 같다. 나는 종종 그에게 여전히 유치하다고 말한다. 우리는 서로 통화하거나 함께 있으면서 웃음이 끊긴 적이 없다. 바로 그것이 평생 우리를 묶어주는 끈이다.

개리는 내게 형과 같은 존재이다. 그는 항상 만면에 웃음을 지으며 명랑한데다 인생의 모든 것을 긍정적으로 받아들인다. 그는 마치 모든 것을 장밋빛 유리창을 통해 걸러 보는 사람 같다. 또한 아기 같은 호기심이 있어서 새로운 것이면 무엇이든 받아들인다. 그의 아내 앨리스 역시 정말 멋있고 따뜻하며 행복한 미소를 짓는다. 사람들이 그들에게 끌리는 것은 당연하다. 그들이 자석 같은 성격으로 사람들을 끌어당기는 모습을 볼 때마다 정말 대단하다고 생각한다.

실수는 웃음의 진원지다

우리는 모두 바보스럽고 엉뚱해 보일 만한 웃긴 일을 저지른다. 또한 당황스런 실수를 저지를 때도 있다. 그런 상황 속에서도 유머를 발견하고 웃는 법을 배워야 한다. 친목을 도모하는 모임에서 자신이 겪은 창피스러운 이야기를 들려주면 즐거운 한때를 보낼 수 있다. 나는 사람들에게 그런 이야기를 들려달라고 청하는 편인데 듣기만 해도 기차게 재미있다. 사람은 남들이 웃는 모습을 보면서 타인 역시 자신과 똑같은 인간이라는 점을 깨닫는다.

내가 사람들에게 자주 들려주는 이야기 중에 대학 4학년 때 겪은 일화가 있다. 빌과 나는 어느 날 다른 친구로부터 자기네 집에서 주말을 함께 보내자는 초청을 받고 그곳을 방문했다. 그 다음날 아침 우리 모두가 식사를 하려고 그 친구의 가족들과 함께 식탁 앞에 앉았을 때였다. 친구의 어머니가 베이컨과 달걀 요리를 담은 큰 접시 하나를 내게 건네셨다. 식탁에는 오직 식기류만 놓여 있었기 때문에 나는 친구의 어머니가 내 음식을 먼저 주셨다고 생각했다. 한 사람 몫치고는 많긴 했지만 매우 배가 고픈 상태라 먹어치울 수 있을 것 같았다.

그래서 나는 접시를 앞에 내려놓고 음식을 먹기 시작했다. 그 순간 모든 사람들이 나를 보고 놀려대며 한바탕 웃음을 터뜨렸다. 얼마나 당황스럽던지…. 그 음식은 모두를 위한 음식이었던 것이다. 나는 이 일로 인해 수년 동안 놀림을 받았고, 빌은 여전히 많은 사람들 앞에서 이 이야기를 꺼낸다. 당시에 나는 그 일을 통해 앞으로 어떤 것도 지레짐작하지 말라는 교훈을 얻었다.

그건 그렇고 나처럼 자신의 약점에도 웃을 수 있어야 한다.

아이러니를 즐겨라

불행 중에 웃다니, 가당치 않다고 생각하는 사람이 많을 것이다. 그러나 우리는 일생 동안 불행한 일을 당하고 고통스러운 상실을 겪으며 실패도 맛보게 마련이다. 그렇지만 당신의 정신, 마음, 영혼을 불행하게 했던 사건들이라 해도 돌이켜보면 웃음을 짓게 만들거나 심지어 위안이 되는 무언가를 발견할 수 있다. 그렇게 되려면 정신 자세를 바꿔야 한다. 즉, 긍정적인 생각을 하고 자신에게 닥친 상황이나 사건에서 긍정적인 측면을 찾아내려는 진지한 노력을 기울여야 한다. 그 사건에서 유머와 아이러니를 찾아야 한다.

이쯤 되면 아마도 '말은 쉽지'라는 생각이 들 것이다. 너무나도 지당한 말이다. 그렇지만 나 역시 다른 사람들과 마찬가지로 힘든 상황과 시련을 겪었다. 그럼에도 쾌활한 태도와 유머 감각으로 그 모든 시기를 견뎌낼 수 있었다. 나는 힘든 상황에 처하면 그 상황이 가져다준 좋은 점이 무엇인지 또 그 상황으로부터 무엇을 배웠는지 찾아내려고 한다. 그러다 보면, 내가 저지른 최악의 실수와 실패는 이보 전진을 위한 일보 후퇴처럼 나를 새로운 목표나 성취로 이끌었다. 지금도 나는 불행했던 시간들을 되돌아보면서 웃을 만한 일을 항상 찾아낸다.

친구들과 함께하라

친구들과 함께 즐거운 시간을 보내면서 웃으면 스트레스가 확 날아간다. 그래서 우리 부부는 친구들과의 모임을 매우 좋아한다. 저녁 식사 모임, 집으로 초청해 와인 맛보기 또는 함께 무언가를 즐기는 일들 말이다. 우리의 절친한 친구인 도나는 파티의 달인인데, 그녀는 1년에 여러 번 친구들을 오찬에 초대한다. 창의성이 뛰어난 그녀는 오찬마다 하나의 주제를 정한다. 한번은 장신구 교환이 주제여서, 초대받은 사람들은 자신이 쓰지 않는 장신구를 가져와서 서로 사고팔았다. 한번은 자기 집 사우나실에서 모임을 가진 적도 있다. 그녀는 마사지사를 고용했고, 손님들은 안마와 피부 마사지며 손톱 손질을 받고 오찬을 들면서 즐겁고 편안한 시간을 보냈다. 그녀의 파티 중에서 최고는 부부를 위한 모임이었는데, 참석자들은 농담 또는 우스운 시나이야기를 준비해 와서 서로에게 들려주었다. 모두가 포복절도한 그날의 모임을 우리는 아직까지도 웃으며 떠올리곤 한다.

즐거운 직장 만들기 프로젝트

직장인들은 지원도 적게 받으면서 생산성을 높이도록 엄청난 압력을 받으며 근무한다. 바로 그렇기 때문에 더더욱 우리는 재미있고 우스꽝스러워지는 시간을 가져야 한다. 직원들이 직장에서 재미를 느끼면 조직 전체에 긍정적인 영향을 준다. 사우스웨스트 항공의 창립자인 허브 켈러허는 다음과 같이 말했다. '심각하게 일해야 할 이유도 없고, 프로 의식이 꼭 무게 있어야 할 필요도 없다. 재미가 자극제이다. 재미가 있으면 일을 더 즐기게 되고 생산성도 높아지게 마련이다.'

직장에서의 유머는 틀에 박힌 반복적인 업무로부터 오는 지루함을 덜어준다. 유머는 직장에서 얻게 되는 만성피로와 스트레스를 낮추고 탈진을 예방한다. 재미가 있으면 직원들은 더 창조적이고 생산적이 되며 손실이 큰 실수도 덜 저지른다. 웃는 직원들은 지각이나 결근이 적다. 그들은 일에 대한 만족도도 높고 자신의 일에 더 많은 의미를 부여한다. 그만큼 이직할 확률도 적다. 행복한 직원들은 고객을 즐겁게 대한다. 재미가 넘치는 직장은 높은 성과를 올릴 수밖에 없다.

어떤 이들은 직장에서 재미를 찾는 일이 시간 낭비이고 4장에서 언급한 시간 관리 방법에 역행한다고 생각할지도 모른다. 그러나 사실 그 반대이다. 유머와 웃음은 정신을 맑게 하고 뇌의 기능을 더 활발하게 한다. 즐거움은 사람들의 긴장을 풀어주고 재충전시켜준다. 사람들은 웃는 상대에게 더 친절히 대하고 예의를 갖추는 법이다. 웃음은 전염성이 있을 뿐만 아니라 생산성을 높인다.

어떤 조직은 직원들이 신선하고 건전한 재미를 많이 느낄 수 있도록 유머 컨설턴트를 고용했다. 이 컨설턴트들은 직원들의 사기, 창의성, 업무 만족도를 향상시키는 프로그램 차원에서 고용된 것이다. 이런 방법이 효과가 있다는 사실을 증명하는 연구 결과도 있다. 다음은 스탠퍼드 의과대학의 윌리엄 프라이 박사가 인용한 한 연구 결과의 내용이다.

웃음은 혈압과 심박수를 낮춤으로써 심장혈관계를 튼튼하게 한다. 또한 통증 인식을 줄이고 혈행을 활발하게 하며, 면역계를 강화시키고, 스트레스 유발 호르몬의 수치를 낮춘다. 이 모든 것들은 창의성과 생산성에 긍정적인 영향을 미친다(Swift & Swift, 1994).

재미를 찾는 지침과 아이디어를 아래에 소개했다. 대부분 내 세미나의 참가자들이 자랑하며 내놓은 아이디어이다. 각자의 직장에 따라 적당한 방법이 있을 것이다. 자신의 문화에 맞도록 아이디어를 응용해보라.

리더는 분위기 메이커

캐나다 유콘 주의 오래된 속담을 하나 소개한다. 바로 '리더의 속도가 무리의 속도이다'라는 표현이다. 리더는 조직의 기본적인 분위기와 자세를 결정한다. 당신이 조직이나 부서의 리더라면 솔선수범해야 한다. 당신이 만약 즐거워하거나 미소를 지은 적이 없고 재미있는 일에 눈살을 찌푸리는 사람으로 알려져 있다면 직원들도 직장에서 마음껏 즐거워하지 못한다. 당신의 분위기가 밝으면 그들 역시 밝아진다. 당신이 웃으면 그들 역시 웃어도 괜찮다고 생각한다. 당신도 인간이며 매사에 꼬투리를 잡는 사람이 아님을 보여주라. 직원들은 긴장과 스트레스를 덜 느끼고, 당신은 직원들과 더 많이 교감할 수 있을 것이다.

시간을 내서 당신 조직의 현재 체계, 정책 및 절차를 진지하게 평가해보라. 그 안에 직장에서 재미를 느끼는 데 방해가 될 만한 장애나 제재가 포함되어 있는가? 바꿔야 할 점은 무엇인가? 가끔은 작은 변화를 통해 큰 차이를 만들어낼 수 있다. 잘 모르겠다면 직원들에게 직장에서 즐겁게 지내지 못하게 하는 장애물이 무엇인지 물어보라. 그리고 그들의 대답을 경청하라. 그러나 더 중요한 점은 그들의 제안을 일부나마 실천하는 것이다.

지킬 건 지켜라

직장의 분위기를 밝게 만들기로 굳은 결심을 했다면 일정한 한계를 만들어놓는 편이 좋다. 대부분의 사람들에게는 건강한 즐거움이 어떤 것인지 설명해줄 필요가 없다. 그러나 항상 정도를 지나치는 사람들이 있게 마련이므로 법적인 문제가 발생할 수도 있다. 일정한 규칙과 지침을 마련해서 직원들에게 허용되지 않는 범위를 공지하라. 질 나쁜 장난, 악의가 있는 장난, 희롱, 성적 농담 및 발언, 인종 차별적 발언, 사람이나 조직에 대해 부정적이거나 비꼬는 발언, 기타 모욕적으로 여겨지는 발언

등이 바로 그것이다. 만일 재미를 만들어내는 일에 관심이 없거나 반대하는 사람이 있다면 강제로 시행하지는 마라.

직원들의 참여를 유도하라

당신이 경영진이 아니라 해도 충분히 이런 일을 추진할 수 있고 상사에게 제안할 수도 있다. 유머의 제1인자를 위원장으로 하는 웃음위원회를 여는 방법은 어떨까? 어떤 때 일하기 즐거운지 직원들에게 물어보라. 근무 시간 동안 떠오르는 재미있는 아이디어나 퇴근 후에 팀 정신과 사기를 진작시킬 수 있는 재미있는 활동에 대한 아이디어를 짜내도록 한다. 웃음위원회의 위원들을 돌아가면서 교체하고 두목은 몇 달에 한 번씩 다시 뽑아서 계속 새로운 아이디어가 창출되도록 한다. 제안함을 만들어서 다른 사람들도 위원회에 재미있는 아이디어를 제안하게끔 한다. 제안이 계속 들어오게 하려면 위원회는 적어도 이틀 안에 제안에 대한 답신을 해야 한다.

게시판을 활용하라

재미있고 사람들을 웃게 하고 사기를 진작시키는 게시판이야말로 직장에서 절대적으로 필요한 물건이다. 비싸지도 않을 뿐만 아니라 게시판 덕택에 긍정적인 보상을 얻을 수 있다. 직원들에게 만화, 농담, 재미있거나 아이러니한 일화를 준비해오게 하라. 또한 직원들의 생활에서 기쁜 소식이 들리면 모두에게 알려라. 직원 가운데 누군가가 학위나 자격증 취득과 같은 개인적인 혹은 업무적인 성과를 거두었다면 그것도 게시판에 붙여라. 생일, 기념일, 자녀 출산과 같은 특별한 때가 오면 다른 직원들도 알게 하라. 사람들은 자신이 성취한 것에 대해 남들이 물어봐주기를 바라고 자랑하고 싶어 한다. 아예 한쪽 벽면을 재미있는 카드로 장식해보는 것은 어떨까? 며칠 동안 사람들에게 웃을 기회를 만들어주는 것이다. 시간이 갈수록 직원들은 새로운 카드와 재미있는 뉴스를 고대하게 될 것이다.

테마 데이를 정하라

'외국의 날'이라 이름 붙이고 이국풍 옷을 입고 출근하는 식의 테마 데이를 만들라. 외국 음식 먹는 날은 어떨까? 모든 사람들이 이탈리아나 중국, 프랑스 등 특정한 나라의 음식을 가져와서 점심시간에 함께 먹는 것이다. 아니면 각자 아기 때 사진을 가져와서 사진 속 인물이 누구인지 알아맞히는 게임을 하는 날도 좋다. 특정한 아이디어나 주제를 가지고 사무실에서 파티를 열어보라. 그냥 미친 척하고 서로 어울리지 않는 옷끼리 맞춰 입게 해보라. 할로윈에만 괴상한 복장을 하라는 법이 있는가? 꼴불견 옷입기 날이나 장난스런 모자 쓰기 날도 좋다.

재미있는 직급명을 고안하라

세미나 참가자 중에 직장에서 모든 직급에 바보 같은 이름을 붙여주었다는 사람들이 있었다. 그들은 실제로 이름 짓기 경연 대회를 열어서 가장 독창적이거나 색다른 직급명을 지은 사람을 뽑았다. 그리고 대회 우승자에게 재미있는 큰 부상을 수여했다.

회의에 유머를 곁들여라

유머는 회의에, 특히 주제가 진지할수록 더욱 필요하다. 만화, 농담, 우스운 이야기로 회의를 시작해보라. 꺼릴 이유가 없다. 내가 아는 어떤 회사는 회의실에 농구 골대와 골프 그린을 설치하여 놀이방으로 만들었다. 직원들이 장난감이나 게임기를 가지고 회의에 들어올 때도 있다. 어떤 조직에서는 회의할 때 멍청한 실수담에 대해 이야기를 나누기도 한다. 그런 회의를 통해 사람들은 한바탕 웃을뿐만 아니라 다른 사람들도 나와 마찬가지로 실수를 저지른다는 사실을 깨닫게 된다. 또한 그런 일화는 소중한 교훈이 되어 실수를 반복하지 않도록 예방하는 기능도 한다.

내가 많이 웃고 스트레스를 날리도록 고안한 방법 중 하나는 '황당무계 스토리'라고 불린다. 회의를 할 때 누군가 자신이 저지른 실수나 잘못을 이야기하고 그로부터 생길 수 있는 결과를 사실과는 반대로 부정적이고 우습게 부풀린다. 그리고 한 사람씩 돌아가며 그 결과에 더 기괴한 결과를 덧붙인다. 이 놀이는 중압감을 해소하는 놀라운 효과를 보였다. 다른 사람들도 나처럼 실수를 저지르고 실수의 결과가 생각했던 것만큼 나쁘지 않다는 점을 깨닫게 되는 계기가 되었기 때문이다.

그 후에는 그런 실수를 어떻게 시정해서 재발하지 않도록 할 것인지에 대한 아이디어를 내는 시간을 갖는다. 얼핏 현명한 시간 관리의 원칙에 역행하는 것처럼 보이지만 긍정적인 학습 경험, 실수 예방, 즐거움, 스트레스 해소를 가능하게 하는 것이라면 무엇이든 시간을 투자할 가치가 있다.

3부 스트레스, 가볍게 다스리기

김 대리는 매일매일 스트레스 일지를 적는다. 직장 스트레스에 자포자기하며 모든 걸 술로 풀려던 습관에서 벗어나 구체적인 스트레스 전략을 마련한 것이다. 최근에는 10년 넘게 피웠던 담배도 끊고, 아침마다 집 근처의 공원을 한 시간씩 산책하고 있다. 또한 사소한 일에 집착하지 않고 모든 걸 느긋하게 바라보려고 노력하는 중이다. 이제 꾸준히 실천하기만 하면 된다. 직장의 핵심 인재가 되는 날도 멀지 않았다. 김 대리, 파이팅!

06 음식은 '비타민'이야

살다 보면 일이 잘 안 풀리고 끝없이 심각해질 때가 있다. 그럴 때면 누구나 한 번쯤 카리브 해의 섬으로 탈출하는 환상에 빠져보았을 것이다. 해변에 누워 얼음같이 차가운 피나콜라다를 마시며 그저 한가롭게 지내고 싶은 환상 말이다. 그러나 우리는 자판기로 가서 동전 몇 개를 넣고 캔 음료수를 꺼내드는 것으로 만족할 뿐이다. 아마도 불쾌하기 이를 데 없는 하루를 보내는 동안 그마나 여유를 부려보는 것이겠지만 그 만족감은 2분도 못 간다. 스트레스는 여전히 그대로인데다 괜히 칼로리만 몸속에 쑤셔넣지 않았나. 기분을 좋게 만들어줄 무언가가 필요하다. 그러지 말아야 하는데 무언가를 막 먹고 싶다. 왜 그럴까?

음식, 스트레스, 뇌

스트레스성 군것질 내지 폭식을 하지 않겠다고 결심하고 그 대로 실천할 수 있다면 얼마나 좋을까? 그러나 이 문제는 생각보다 더 복잡하게 얽혀 있는데, 뇌의 화학작용이 그 부분적인 이유이다. 세로토닌은 외부 자극을 뇌의 신경세포로 전달하는 화학물질인데, 스트레스를 받으면 뇌 세포는 많은 세로토닌을 원하게 된다. 그래서 뇌 세포들은 세로토닌의 생산을 촉진하는 탄수화물이 많은 음식을 먹도록 자극한다. 음식은 통증을 완화하고 정신을 안정시키는 역할을 한다. 스트레스 요인이 발생하면 이에 대처하기 위해 필요한 영양소가 우리 몸에서 어느 정도 소모된다. 따라서 몸에 좋으면서 스트레스에 대항하는 신체적 · 생리적 반응을 돕는 음식을 섭취해야 한다.

제임스 A. 할리 재향군인관리의학센터, 사우스플로리다 대학, 애리조나 주립대학의 연구원들은 만성적인 스트레스에 시달리고 고지방 쇠고기와 탄수화물이 다량 함유된 먹이를 섭취한 쥐들이 학습 능력과 새로운 정보를 기억하는 능력을 잃었다는 사실을 발견했다. 스트레스와 먹이가 그 이유였다. 똑같은 먹이를 먹었지만 스트레스를 받지 않은 쥐들은 문제가 없었다.

탬파 재향군인관리의학센터의 연구원인 데이비드 다이아몬드는 '고지방 음식과 스트레스가 결합되면 사람이나 쥐나 할 것 없이 새로운 정보를 학습하는 뇌의 능력이 저하된다'고 연구 결과를 밝혔다(Conrad & Diamond, 2003). 이처럼 식생활과 스트레스, 뇌의 능력은 서로 밀접한 관계가 있다.

과식, 음주, 흡연, 그리고 스트레스

먹거나, 피우거나, 마시면 짧은 시간 동안 기분이 좋아지는 것들이 있다. 그러나 하루를 지탱할 기운을 내기 위해 커피, 차 또는 탄산음료를 마셔서 카페인을 섭취하면 실제로 스트레스를 유발하는 여러 가지 호르몬의 분비가 촉진되고, 예민해진 정신 때문에 상황을 더 골치 아프게 해석할 위험이 높다. 단 음식을 많이 섭취하면 체내의 비타민 B가 고갈되어 피로, 불안, 과민함이 유발된다. 체내에 당이 과도하면 혈중 포도당 수치가 큰 폭으로 오르내리면서 두통, 피로, 우울함 등 스트레스 상황에 대처하는 능력을 훼손하는 모든 증상을 유발한다. 만성 스트레스는 비타민과 미네랄을 많이 소모시키기 때문에 곤란한 상황에서 적절하게 대처하기가 더 힘들어진다.

스트레스를 받았을 때 기분을 달래기 위해 집에 가서 맥주나 와인 몇 잔을 기울이는 사람들이 의외로 많다. 체내의 세로토닌 수치는 알코올과 함께 증가하기 때문에 한두 잔 술을 마시고 난 후에는 기분이 좋아진다. 그러나 그 다음날 아침에 기분이 나쁜 이유는 알코올의 대사가 끝나면서 세로토닌이 감소하기 때문이다.

독일 연구가들의 연구 결과에 따르면 스트레스 반응과 연관된 유전자에 이상이 있는 사람은 스트레스에 대한 반응으로 술을 마시는 경향이 있다고 한다(Sillaber, Rammes, Zimmermann, et al., 2002). 스트레스가 심할 때 버릇처럼 술을 마시게 되면 술은 결국 스트레스를 받을 때마다 의지하는 목발이 되어 그 영향에서 스스로 빠져나올 수 없게 될 위험이 있다.

실망스런 일이 있거나 누구와 싸웠거나 상사에게 싫은 소리를 들은 후에 과도하게 술을 마시는가? 문제가 생겼거나 중압감을 느끼는 상황에서 평소보다 술을 더 많이 마시는가? 미국 국립 알코올 및 약물 중독 연구소에 따르면 위의 두 경우에 '그렇다'고 답변한 사람은 알코올 중독의 위험이 있다고 한다. 음주량이 늘고 있거나 통제하지 못할까 봐 두렵다면 술을 마시지 말고 대신 그 시간에 운동이나 명상을 하라. 이 방법이 통하지 않고 술을 끊을 수가 없다면 전문적인 도움을 구해야 한다.

또한 스트레스를 풀기 위해 흡연하는 사람들이 많다. 그들은 긴장이나 불유쾌한 상황이 발생하면 담배 생각이 간절해져 허겁지겁 담뱃불을 붙인다. 처음에 몇 번 담배를 빨아들이면 마음이 침착해진다. 그러나 흡연이 진정으로 스트레스를 해소시켜줄까? 흡연은 암에 걸리고 싶어서 안달하는 꼴이다. 이스트런던 대학의 앤디 C. 패럿이 발표한 내용을 보자.

보통의 흡연가는 담배를 피우기 전에는 스트레스 수치가 더 높지만, 가볍게 담배를 피우면 스트레스 수치가 정상적인 수준으로 내려간다. 그러나 그들은 금단증상이 나타나지 않도록 곧 다시 담배를 피운다. 이렇게 다시 담배를 피우기 전까지 반복되는 부정적인 심리 상태 때문에 흡연가가 일상에서 느끼는 스트레스는 평균치보다 약간 높은 경향이 있다. 따라서 니코틴에 대한 의존성이 스트레스의 직접적인 원인으로 보인다. 여러 연구 조사 결과에서도 흡연가가 비흡연가보다 일상에서 스트레스를 느끼는 정도가 약간 더 높게 나타났다(1999).

만약 당신이 흡연가라면 스트레스를 해소해준다고 믿는 그 행위로 스트레스를 더 받는다는 사실을 기억하라. 금연으로 스트레스 수준을 낮추고 건강을 지키자.

스트레스성 폭식

어느 날 저녁, 디노라는 내 친구가 전화를 걸어왔다. 차 사고가 났는데 다행히 아무도 다치지 않았지만 그 친구의 차는 완전히 엉망이 되었다. 나는 부탁을 받고 그를 집까지 데려다 주었다. 디노는 완전히 충격을 받아서는 집에 도착하자마자 냉장고를 열어보더니 먹을 음식이 없자 찬장에서 완두콩 통조림을 꺼내어 걸신들린 듯이 먹기 시작했다. 그는 너무나도 배가 고프다면서 굶느니 차가운 콩이라도 먹어야 된다고 말했다. 그러나 디노는 그날 저녁 식사를 푸짐하게 먹은 터였다. 그 모습은 신기하면서도 충격적이었다. 그렇다면 그는 식탐이 많은 사람일까? 아니면 무언가 잘못되어 있는 것일까?

나는 디노와 식사한 적이 많아서 그가 적당히 식사량을 조절하는 사람이라는 사실을 잘 알고 있었다. 문제는 그 자동차 사고 때문에 그의 신체가 앞에서 설명한 투쟁-도피 상태에 들어간 것이다. 스트레스 반응 때문에 체내 활동이 가속화되어서 그를 만족시키기 위한 연료가 더 많이 필요해진 것이다.

배고플 리가 없는데도 허기가 진다면 스트레스가 그 범인일 수 있다. 특히 만성적으로 스트레스에 시달린다면 더 그렇다. 결국 당신은 먹어야 한다는 끊임없는 욕구를 느낄 것이다. 탄수화물 함량이 높은 음식이나 설탕이 많이 들어간 음식이 당긴다면, 밤늦게 무언가 먹고 싶다면, 혹은 화가 났을 때 진정시키기 위해 무언가 먹어야 한다면 당신은 스트레스성 폭식가일 확률이 높다. 다음은 스트레스성 폭식가의 특징이다.

- 위기에 부닥쳤을 때 많이 먹는 경향이 있다.
- 무엇을 먹으면 문제와 상황에 더 잘 대처할 수 있다고 느낀다.
- 일이 너무 버겁다는 느낌이 들 때 먹는다.
- 친목 모임이나 파티에 참석하면 불편하고 불안하거나 자신이

있을 자리가 아니라는 생각이 들면서 '무엇이라도 하기 위해' 음식을 먹는다.

■ 배고프지 않을 때도 먹는다.

올바른 식생활

어떤 사람들은 스트레스를 받거나 우울하고 외롭거나 심심할 때 단지 먹는 행위만으로도 기분이 안정된다. 강박적 먹기 혹은 스트레스성 폭식 습관을 버리기 위한 비결은 바로 제 시간에 적절한 음식을 먹는 것이다. 이에 운동도 병행한다면 스트레스를 확실히 통제할 수 있다. 적절한 음식을 먹으면 건강에 해로운 쓸데없는 칼로리에 대한 파괴적인 갈구를 느끼지 않는다.

올바른 식생활을 하면 더 많은 에너지를 얻으면서 체중을 줄일 수 있을 뿐만 아니라 스트레스를 더 효과적으로 다룰 수 있다. 또한 스트레스 수준을 낮추기 위한 영양소와 정크푸드를 먹고 싶은 욕구와 정확한 균형을 맞출 수 있다. 복합 탄수화물을 섭취하면 췌장이 인슐린을 분비한다. 이 인슐린으로 인해 아미노산 트립토판이 세로토닌을 합성하게 되는데 이때 증가된 세로토닌이 기분을 좋게 하고 스트레스를 감소시킨다. 트립토판이 많이 함유된 음식으로는 칠면조, 닭고기, 플레인 요구르트, 아몬드, 캐슈, 해바라기 씨 등이 있다.

한편 체내의 세로토닌 수치를 낮추는 음식들이 있다. 식생활이 단백질 위주라면 세로토닌 수치가 낮아진다. 고단백 식사는 계속해서 스트레스를 받거나 스트레스가 심한 직업을 가진 사람들에게는 좋지 않다. 체내의 세로토닌 수치가 낮으면 스트레스에 대처하는 능력이 떨어지기 때문이다. 축구 선수나 권투 선수가 고단백 식사를 하는 이유 중의 하나는 고단백질 식품이 사람을 공격적으로 만들고 싸울 의욕을 불러일으키기 때문이다. 체내의 세로토닌 수치가 낮아지는 덕분에 공격적인 선수가 되는 것이다.

탄수화물이 많이 함유된 음식은 기분 좋은 느낌을 주는 세로토닌을 만들어낸다. 이 때문에 스트레스를 받거나 불안할 때 피자, 파스타, 마카로니, 치즈가 그렇게 당기는 것이다. 그러나 이러한 음식들은 우리의 체중을 늘리면서 몸매를 망가뜨린다. 그렇다고 모든 탄수화물 음식이 나쁜 것은 아니다. 복합 탄수화물 음식은 몸에 좋다. 복합 탄수화물은 소화 시간이 더 길고, 에너지도 오래 지속되며, 비타민과 미네랄의 함유량이 높다. 복합 탄수화물이 주성분인 음식으로는 고구마, 호박, 당근, 현미, 통밀 빵, 정제되지 않은 곡물, 콩, 옥수수 및 토마토가 있다.

가공되지 않은 복합 탄수화물에는 섬유소, 비타민 및 기타 영양소가 많다. 흰 빵과 백미 같은 음식은 탄수화물이기 때문에 사실 포만감도 덜하고 영양소도 적다. 미가공 복합 탄수화물은 백미, 밀가루로 만든 파스타, 감자튀김이나 프레첼과 같은 가공 탄수화물과 똑같은 만족감과 스트레스 해소 효과를 주면서 영양소는 더 많다. 게다가 미가공 복합 탄수화물은 살을 덜 찌게 한다. 지방과 단백질이 적으면서 복합 탄수화물이 많은 음식은 사람을 차분하고 편안하게 만드는 효과가 있다. 스트레스를 받을 때 감자튀김 대신에 트레일 믹스*나 그라놀라**를 씹으라. 직장 생활이 힘들다면 당신이라도 자신에게 잘 해주어야 한다.

정제된 설탕이 들어간 음식에는 단순 탄수화물이 함유되어 있다. 단순 탄수화물 음식으로는 사탕, 쿠키, 케이크, 탄산음료 및 아이스크림이 있다. 모두 스트레스를 받을 때 먹고 싶은 음식들이다. 그 이유 중의 하나는 이런 음식이 우리가 건강이나 칼로리를 걱정하지 않아도 되었던 어린 시절을 떠올리게 하기 때문이다. 게다가 탄수화물은 기분을 진정시키는 효과도 있다. 그러나 문제는 정제된 설탕이 혈류에 들어와서 금방 없어지기 때문에 에너지가 오래 지속되지 않는다는 점과 설탕이 지방으로 변한다는 점이다.

치즈, 고기, 버터, 진한 소스, 사워크림 및 마요네즈와 같은 고지방 식품은 심장마비와 뇌졸중의 위험을 높일 뿐만 아니라 피곤하고 졸리게 만든다. 체중이 늘어난 만큼 뚱뚱해지고 건강까지 나빠진다면 기분이 좋을 리 없으니 이것이 다시 스트레스의 원인이 된다.

과일이나 야채를 먹으면 만성 스트레스로 인해 면역계가 약

---

*trail mix: 말린 과일, 건포도, 호두 따위를 섞은 것
**Granola: 납작귀리에 건포도나 황설탕을 섞은 조반용 식품

해지는 것을 막을 수 있다. 또한 중요한 산화 방지제도 추가로 얻는다. 당근, 호박, 고구마를 먹으면 베타카로틴이라는 산화 방지제를 얻는다. 감귤류의 과일에 함유된 비타민 C는 스트레스를 없애는 뛰어난 산화 방지제이다. 또한 체중을 감량할 수 있다는 이유에서도 피자, 햄버거, 감자튀김 같은 고칼로리 음식 대신 야채와 과일을 섭취하는 편이 좋다.

먹어야 할 때

'무엇을 먹느냐'의 문제만큼이나 '언제 먹느냐'도 중요하다. 아침 식사를 거르고 커피 한 잔으로 때우면 몸은 하루의 스트레스에 대항하는 소중한 에너지와 영양소가 전무한 상태가 된다. 마치 무기 없이 전장에 뛰어드는 병사와 마찬가지인 셈이다. 또한 지방과 탄수화물 위주의 아침 식사를 먹으면 몸에 기운이 없고 최고의 컨디션으로 일할 수 없다. 무엇보다 나쁜 식생활은 식사를 거른 후 그 대신 고지방 간식을 먹는 것이다. 앞으로 언제 식사하게 될지 모르기 때문에 당신의 몸은 그 지방을 저장하게 된다.

식사할 시간이 없다면 과일 스무디를 마시거나 아니면 과일을 먹고 주스를 마셔라. 나는 급하게 출근하는 날이면 회사에서 홀그레인whole-grain 시리얼을 씹어 먹는다. 마치 간식 같고 먹는 시간도 1~2분이면 족하다. 참기 힘들긴 하겠지만 회사의 휴게실 탁자 위에 놓인 시럽 발린 도넛에는 손도 대지 말아야 한다. 신체에 빠르게 당이 공급되지만 쓸데없는 칼로리에 지방만 더 쌓이게 되어 자책만 하게 될 뿐이다.

시간이 없으면 식사를 거르기 십상이다. 아침 식사는 거르고, 점심엔 끼니 대신 몸에 좋지 않은 정크푸드로 때우고, 저녁에는 과식을 한 다음 위가 꽉 찬 상태로 잠자리에 들면 향후 온갖 종류의 건강 문제는 따놓은 당상이다. 반면에 하루에 대여섯 번씩 먹는 소식은 신체와 정신이 최고의 상태를 유지하도록 돕는다. 이런 식사 방법이야말로 체중 감소를 위한 최고의 공식이다. 마구잡이로 식사하는 경우와 달리 배고프지 않은 상태에서 식사를 하면 신체가 에너지를 내기 위한 지방을 미리 저장하지 않기 때문이다.

점심 전에 먹을 간식으로 과일과 적당량의 견과류, 오후에 먹을 간식으로 당근과 셀러리 같은 야채를 직장에 가져가자. 점심 식사로는 껍질을 벗긴 닭가슴살, 담백한 소스를 곁들인 생선 요리, 가벼운 드레싱을 뿌린 샐러드처럼 영양소가 많은 음식을 소량 섭취하라. 통밀로 만들지 않았다면 빵이나 파스타는 먹지 마라. 치즈버거나 피자도 마찬가지이다. 이런 음식들은 당신을 스트레스에 약하게 만들고, 식사 후 몸이 나른해져서 일하기 곤란하게 만들기 때문이다.

저녁 식사량은 점심때의 반만큼만 하라. 전분 음식 대신 야채와 샐러드를 더 많이 먹으라. 나는 항상 세미나에서 청중에게 저녁 식사로 흰색 음식은 삼가라고 말한다. 흰 빵, 백미, 밀가루로 만든 국수나 파스타와 같이 가공된 탄수화물은 가능한 한 먹지 말라는 뜻이다. 세로토닌 수치를 낮추는 고지방 스테이크 대신 단백질을 보충하는 생선, 닭고기, 칠면조를 선택하라. 저녁 식사 후에 하는 산책은 남아 있는 스트레스와 칼로리를 없애는 좋은 방법이다. 밤중에 배가 고프면 건강에 좋은 간식을 조금만 먹으라. 위가 가득 찬 상태에서 잠자리에 들어서는 안 된다. 소화계에 부담을 주고, 속 쓰림, 위산 과다가 생길 수 있으며, 심지어 악몽을 꾸는 사람도 있다.

먹는다는 것의 즐거움

사실 먹는 것은 인생의 크나큰 낙이다. 스트레스를 줄이고 건강을 향상시키기 위해 그런 낙을 버릴 필요는 없다. 건강한 식생활을 하고 체중도 줄이는 동시에 맛있고 만족감을 주는 음식을 먹으면 된다. 요즘에는 저지방, 저탄수화물, 저당분 요리법을 소개하는 독창적인 요리책들이 많이 나와 있다. 요리를 잘하지 못하거나, 하고 싶지 않거나, 요리할 시간이 없다면 슈퍼마켓에 가서 냉동식품 중에 건강에 좋은 것을 골라보라. 이런 음식은 나트륨 수치가 높은 것이 단점이지만 조리되어 있다는 장점이 있다. 냉동식품을 고를 때는 버터나 기름으로 조리되었는지 혹은 설탕을 많이 넣었는지를 확인해보고 건강에 좋은 것을 고르라. 저지방, 복합 탄수화물, 저당분 음식을 고르라.

요리를 하거나 식품을 고를 때는 창의성을 발휘하여 매일 똑같은 음식을 먹어 물리는 일이 없도록 하라. 똑같은 음식만 먹으면 먹지 말아야 할 음식이 미치도록 먹고 싶어지기 때문이다. 가끔 아이스크림 한 개나 케이크 한 조각 정도를 먹는 것은 괜찮다. 너무 혹독하게 음식을 제한하다 보면 먹지 못한 음식에 집착하게 되어 아예 건강한 식생활 자체를 포기해버릴 수도 있다.

외식을 할 때도 건강에 좋은 음식을 주문하라. 소스 없이 구운 닭고기, 칠면조, 생선 요리를 고르라. 야채 요리는 가공 탄수화물을 대체하기에 좋다. 버터가 많이 들어간 으깬 감자 대신 고구마로 만든 음식을 주문하라. 정크푸드, 고지방·고탄수화물 음식, 인스턴트 음식은 삼가라. 당신에게 최악의 적이다. 건강에 좋지 않은 음식으로 신체에 에너지를 공급하면 매일 받는 스트레스에 대항하기가 더 힘들어진다. 건강한 식생활을 삶의 한 부분으로 만들라.

한 끼 식사량에도 주의를 기울여라. 배가 부를 때까지 먹지 말고 적당한 선에서 숟가락을 놓아라. 음식점에서 내놓는 음식들은 보통 양이 많은데 그것을 모조리 먹어치워야 한다고 생각하는 사람들이 많다. 아마도 돈을 생각하면 음식을 남기는 것이 낭비처럼 느껴지기 때문이리라. 이런 경우 나는 음식의 반만 먹고 나머지 반은 싸 달라고 한다. 이렇게 하면 음식을 남긴다는 죄책감도 없고, 적당한 한 끼 식사량보다 더 많이 먹었다는 부담감도 없다. 함께 먹는 사람들이 후식으로 초콜릿 피칸 치즈케이크를 먹을 때 구경만 하기가 힘들다면 한두 입 정도 먹거나 한 조각을 둘이 나누어 먹으면 된다. 물론 이런 일을 버릇처럼 반복하면 안 되지만 가끔은 박탈감을 막을 수 있는 방법이기도 하다.

나에게 맞는 최고의 식단

건강을 회복하기 위해 체중을 줄여야 한다면 시도해볼 만한 다이어트 방법은 많다. 매주 새로운 다이어트법이 쏟아져 나오지 않나. 그러니 무조건 굶거나 다이어트 약을 복용하는 일은 피해야 한다. 이런 방법은 몸에 무리를 주고 스트레스에 약하게 만든다. 게다가 다이어트를 중지하거나 약을 끊으면 다시 원래 체중으로 돌아오게 마련이니 체중 감소의 근본적인 해결책은 아니다.

자신에게 가장 잘 맞는 식단은 어떤 것일까? 혈당을 안정시키고, 좋은 탄수화물 및 복합 탄수화물과 더불어 지방은 적고 트립토판은 많은 단백질(닭고기나 칠면조 등)로 구성된 식단이라면 스트레스를 이길 수 있는 최고의 식단이라 할 수 있다. 고단백, 저탄수화물로 구성된 식단은 스트레스 통제에 역행하는 식단이다.

당신은 꾸준히 지속할 수 있고, 다양한 종류의 음식을 먹는 자유가 있는 식단이 필요하다(【6.1】 참조). 오늘은 핫도그만 내일은 바나나만 먹는 이상한 음식 조합으로 이루어진 유행성 다이어트로 단기간 내에 몇 Kg을 뺄 수 있을지 모르지만 영원히 다음 항목을 보고 스트레스에 대처하는 당신의 방식이 옳은지 확인해보라. 당신이 무엇을 먹는지 관찰하고 건강에 좋지 않은 음식은 멀리하라.

나쁜 음식을 가려 먹음으로써 건강을 유지한다.	예 아니오
담배를 피우지 않는다.	예 아니오
하루에 작은 잔으로 한두 잔 정도까지만 술을 마신다.	예 아니오
커피, 차, 탄산음료 및 초콜릿를 통한 카페인 섭취를 제한한다.	예 아니오
하루에 물을 여섯 잔 이상 마신다.	예 아니오
설탕 섭취량을 제한한다.	예 아니오
지방 섭취를 제한한다.	예 아니오
탄수화물 섭취를 제한한다.	예 아니오
정크푸드나 인스턴트 음식은 일주일에 한 번으로 제한한다.	예 아니오
매일 복합 비타민을 섭취한다.	예 아니오
하루에 세 끼 식사를 하고 아침 식사를 거르지 않는다.	예 아니오
과일과 야채를 많이 먹는다.	예 아니오
음식량이 보통 혹은 보통보다 적다.	예 아니오
잠자기 세 시간 전에는 아무것도 먹지 않는다.	예 아니오

그렇게 먹으며 살 수는 없다. 그런 음식 조합으로는 스트레스를 상대할 때 필요한 에너지를 얻을 수도 없다. 스트레스를 이기고 적절한 체중을 유지하려면 항상 건강한 식생활을 실천하겠다는 굳은 의지가 필요하다

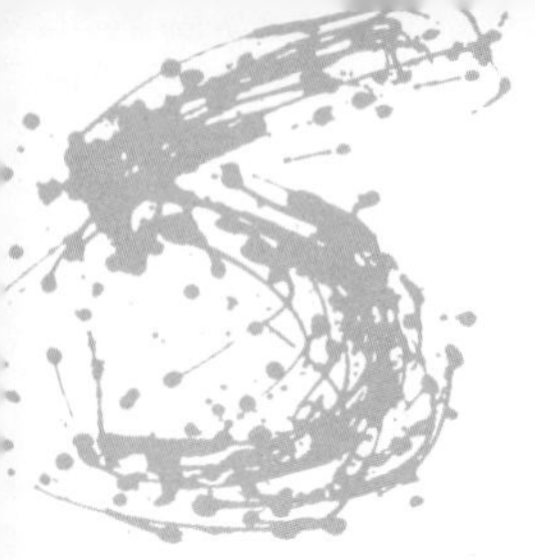

07 인생을 바꾸는 운동의 법칙

1장에서 설명한 투쟁-도피 반응에 대해 다시 한 번 생각해보자. 신체는 실재하거나 인지된 위협이 있을 때 그에 반응하기 위한 준비를 한다. 이러한 반응으로 분비된 호르몬은 전신을 돌면서 신체가 그 호르몬을 다 소모할 때까지 혈류 속에 잔존한다. 가끔은 위협이 사라진 후 호르몬이 모두 소모될 때까지 몇 시간이 흘러야 할 때도 있다. 그러나 몸속에 이런 물질이 남아 있으면 건강에 해롭다. 시간이 흘러도 이런 물질이 제거되지 않으면 당신의 체내 기관들은 손상되거나 병에 걸린다.

당신의 근육은 긴장 상태에 있거나 직장에서 스트레스를 받을 때 수축되지만 원시인들이 위협을 피해 도망치거나 누군가와 싸울 필요가 있을 때 그러했던 것만큼 수축되지는 않는다. 오늘날 당신을 위협하는 요인은 원시인들의 경우와는 다르지만 당신의 몸은 여전히 육체적인 반응에 대비한다. 또한 근육 반응이 훨씬 적은 상태에서도 근육은 여전히 긴장된다. 당신이 전혀 느끼지 못하는데도 근육의 긴장 상태가 몇 시간이고 지속될 때도 있다. 이런 상태에도 아무런 조치를 취하지 않으면 결국 몸이 쑤시고 통증이 오고 쥐가 나거나 다친다. 오랜 시간 이런 일이 반복되면 지병으로 발전되기 쉽다.

또한 약한 긴장 상태라 하더라도 혈압 상승, 빠른 심장박동, 급하고 얕은 호흡으로 이어질 수 있다. 처음에는 이 긴장 상태를 눈치 채지 못할 수도 있지만 이것이 장기간에 걸쳐 계속되면 만성 고혈압, 심장 질환, 위장 장애, 혹은 비뇨기 이상과 같은 다른 병도 유발할 수 있다.

이런 약한 긴장 상태의 전형적인 예는 비행기에 탑승한 승객이 팔걸이나 좌석을 꼭 붙들고 놓지 않는 모습에서 볼 수 있다. 비슷한 예로, 평상시엔 아무런 문제없이 운전을 하다가 고속도로에만 진입하면 운전대가 생명줄인 양 꼭 쥐는 사람들도 마찬가지이다. 고객과 계약을 마무리하는 단계에 있는 세일즈맨이 긴장한 나머지 커피 잔, 컵, 펜 등을 부서져라 쥐는 것도 같은 예이다. 그는 자신도 모른 채 손가락을 서로 비비거나 팔이나 손을 꼭 쥔다. 다시 한 번 말하지만, 이런 스트레스는 생명을 위협하지는 않아도 시간이 흐르면서 큰 피해를 입힌다. 긴장의 이유가 분노, 걱정, 두려움, 그 어떤 것이든 모든 스트레스와 압박감은 해소되어야 한다. 반드시 스트레스 호르몬을 줄여야 한다.

다행히도 몸속에 쌓이는 원치 않는 물질을 없애는 간단한 방법이 있다. 바로 운동이다. 미국 운동협회에 따르면, 운동은 스트레스와 스트레스가 신체에 미치는 영향을 줄일 수 있는 가장 효과적인 방법이라고 한다. 정신적·신체적 효과 면에서 운동에 필적할 만한 다른 방법은 없다. 나는 근육, 관절, 뼈를 반복적으로 움직이는 모든 행위를 운동이라고 정의한다. 물론 운동은 다양한 형식의 많은 스포츠와 활동이 될 수도 있다. 중요한 점은 당신이 몸을 움직여야 한다는 것이다. 몸을 움직일 때마다 스트레스는 적어진다. 그러니 움직여야 한다. 몸을 움직여서 스트레스를 없애라!

운동의 힘

스트레스 요인이 사라진 후에도 몸을 움직이는 게 좋다. 운동은 우리의 몸에서 스트레스로 인한 육체적 반응으로 생긴 부산물을 제거하도록 돕는다. 실제로 운동은 일하는 동안 분비된 스트레스 호르몬을 감소시킨다. 운동은 근육을 정상 상태로 되돌려놓고 강화하고 정돈시켜서 다음에 닥칠 스트레스에 더 잘 대

【7.1】 운동의 효과

두려움, 걱정, 불안, 분노 및 가벼운 우울증을 완화시킨다.

기분과 태도를 개선시킨다.

집중력을 증가시킨다.

근육의 크기, 힘, 상태를 개선시킨다.

심장을 튼튼하게 하고 그 효율을 높인다.

에너지 레벨을 높인다.

골밀도를 높인다.

혈압을 낮춘다.

호흡기 질환에 대한 면역력을 높인다.

콜레스테롤과 트리글리세리드의 수준을 낮춘다.

일부 암의 발병 위험을 낮춘다.

다양한 종류의 통증을 없애준다.

당뇨의 위험을 낮춘다.

식생활을 개선시켜 체중을 유지시키거나 감소시킨다.

수면에 도움을 준다.

자존감을 높인다.

처하게 한다. 운동의 정신적인 혜택도 육체적인 혜택 못지않다. 운동을 하고 나면 예민했던 기분이 풀어지면서 평화로워지기 때문이다. 즉, 차분한 느낌을 갖게 된다. 많은 사람에게 운동은 인생의 중요한 문제, 예를 들어 인간관계나 영적인 면을 돌아볼 때 마음을 진정시키는 효과가 있다. 또한 문제에 집중하고 그것을 해결할 수 있도록 도와준다(【7.1】 참조).

운동은 심장혈관계에 엄청난 혜택을 준다. 미국 심장협회에 따르면, 운동 부족과 주로 앉아서 지내는 생활 방식이 심장 질환의 주요 원인이라고 한다. 심장도 근육이기 때문에 다른 근육과 마찬가지로 운동이 필요하다. 운동이 부족하면 심장이 약해진다.

운동 중 심장박동수를 높이면 심장이 튼튼해지고 운동하지 않을 때에도 더 효율적으로 기능하게 된다. 휴식 상태에서도 운동을 한 심장은 운동하지 않은 심장보다 더 느리게 뛴다. 심장이 한 번 뛸 때마다 운동을 한 심장은 운동하지 않은 심장보다 더 많은 양의 혈액을 내보낸다. 실제로 심장에 피를 공급하는 모세혈관의 수가 늘어나서 심장 자체에 더 많은 혈액을 보낸다. 운동은 또한 혈관 벽에 대한 혈압을 낮춤으로써 동맥경화증을 예방한다. 심장병 전문의로 유명한 케네스 쿠퍼 박사 또한 유산소 운동이 심장마비를 막아준다고 주장한다.

운동은 또한 폐의 팽창 능력을 향상시켜 더 많은 공기를 들어오게 한다. 이 능력 덕분에 폐와 심장이 더 효율적인 방식으로 함께 기능한다. 심장이 튼튼해지면 더 많은 혈액을 내보내고, 많아진 혈액은 폐의 모세혈관에서 더 많은 산소를 몸 전체의 세포로 나른다. 이로 인해 체력과 지구력이 향상된다. 즉, 일상적인 업무나 활동을 하는 동안 쉬이 지치지 않는다. 운동을 하는 사람들은 감기, 독감, 폐렴과 같은 호흡기 질환에 걸릴 확률이 낮다.

운동은 몸이 생산하는 엔도르핀의 양을 증가시킨다. 엔도르핀은 뇌에서 생성되는 화학물질로서 신호를 신경계로 전달하며 진통제와 같은 역할을 한다. 우리가 장시간 운동을 하게 되면

이 엔도르핀의 흐름이 증가하는데, 엔도르핀은 통증을 없애줄 뿐만 아니라 질병에 저항하는 능력을 향상시키고 이상 식욕을 감소시키며 행복감을 준다. 엔도르핀은 중독성이 없는 마약과도 같다.

사람들이 운동 부족에 시달리는 이유

운동을 한 후 기분이 좋아지고 스트레스가 없어진다고 하면서도 정작 운동하는 사람이 적은 이유는 무엇일까? 여기에는 시간과 체력 부족이라는 핑곗거리가 있기 때문이다. 우리는 대부분 정신없이 바쁜 일과를 보내기 때문에 퇴근 후에 너무나 지쳐서 힘을 낼 수 없다고 생각한다. 그래서 리모컨과 핸즈프리 기기들이 그토록 인기가 있으리라. 사람들은 그저 소파에 푹 파묻혀서 움직이려 하지 않는다. 어떤 사람들은 운동이라 하면 체육관에서 하는 격렬한 움직임을 떠올린다. 그러나 그것은 선입견일 뿐이다. 또한 재미없거나 즐겁지 않은 일을 할 때 힘이 더 든다고 생각하지만 그것 역시 사실과 다르다.

실지로 운동을 할 만한 여유 시간이 없다고 해보자. 그러나 짧은 시간이라도 몸을 움직이면 효과를 볼 수 있다는 점을 기억하라. 흔히 적당한 운동량이라고 권장되는 일주일에 3일, 하루에 한 시간씩, 마치 무슨 벌이라도 받듯 운동하라는 말이 아니다. 인간은 본성상 운동을 하기 위해 생활 방식 전체를 바꾸기 어렵다는 사실을 나 또한 잘 알고 있다. 우리의 일정에 맞으면서 현실적인 대책이 필요한 이유이기도 하다. 그렇다면 여기에서 5분, 저기에서 10분씩 시간을 내보는 방법은 어떤가? 스트레스를 해소하기 위해 한 번에 오랜 시간 동안 운동할 필요는 없다. 다만 하루에 누적되는 총 운동 시간이 중요하다. 만약 운동 시간이 총 30분에서 45분 정도라면 스트레스를 해소하기 위해 충분히 운동을 한 셈이다.

또한 퇴근 후에 너무 지쳐서 운동할 기력이 없다고 하는 사람도 있으리라. 그러나 거의 누구에게나 3분에서 5분 정도는 운동을 위해 쓸 에너지가 있게 마련이다. 오히려 운동이 2장에서 설명한 탈진에 수반되는 만성피로에 대단히 효과적이라는 점을 깨달을 것이다. 실제로 운동을 한 지 몇 주가 지나면 에너지와 체력이 증가한다. 그리고 운동 없이 살 수 없겠다는 생각이 들기 시작한다.

자, 이제는 운동하는 자신의 모습이 부끄럽다고 말하고 싶은가? 운동 기계나 헬스클럽의 광고를 보면 운동은 마치 젊고 잘생긴 사람들의 전유물 같다. 그런 완벽하고 단단한 몸매를 보면 당연히 기가 죽는다. 하지만 얼마나 터무니없는 생각인가? 운동은 모든 사람에게 이롭다. 그리고 그 효과는 80세나 90세가 될 때까지 영향을 미친다. 당신이 수년간 운동을 하지 않았다 하더라도 언제든 시작해도 늦지 않다. 몸에 짝 달라붙거나 노출이 심한 운동복도 필요 없다. 당신의 몸매가 부끄러워 참을 수 없다면 집에서 운동하면 된다.

운동을 시작하기 전에

만약 당신이 앉아서 일하는 생활을 하고 있고 오랫동안 운동을 하지 않았다면 종합검진을 받아보고 문제가 없는지 확인해야 한다(【7.2】 참조). 또한 만성적인 건강 문제가 있거나 최근에 다쳤다면 반드시 당신의 운동 계획을 의사와 상의해야 한다. 당신이 만약 40세 이상의 남성이거나 50세 이상의 여성이면서 과

【7.2】 건강 측정 설문

운동 프로그램을 시작하기 전에 건강 상태를 진단해봐야 한다. 운동이 당신에게 악영향을 미치지 않을지 확인해보는 것이 필요하다. 아래의 항목 중 하나라도 '예'라고 답했다면 운동의 목표를 포함한 자세한 사항을 반드시 의사와 함께 상의하고 동의를 얻어야 한다.

나는 주로 앉아서 생활하고 거의 운동하지 않는다.	예 아니오
심장 질환을 포함한 병력이 있다.	예 아니오
직계 가족 중에 심장 질환을 앓은 사람이 있다.	예 아니오
고혈압 때문에 약을 복용한다.	예 아니오
운동에 지장을 주는 약을 복용한다.	예 아니오
콜레스테롤 수치가 높다.	예 아니오
천식이나 호흡곤란 증세가 있다.	예 아니오
담배를 피운다.	예 아니오
운동을 하면 안 되는 다른 병이 있다.	예 아니오
9kg 이상 과체중이다.	예 아니오
관절에 통증이 있고 뻣뻣하다.	예 아니오
움직이고 나면 힘이 빠지고 어지럽다.	예 아니오

체중이라면 스트레스 테스트를 받아보는 편이 좋다. 의사들은 당신이 러닝머신 위를 걷는 동안 심전도 검사를 실시할 것이다. 나도 한 번 받아보았는데 그저 점점 빠르게 심장박동수가 높아지도록 걷기만 하면 된다. 이것은 심장박동 이상과 동맥경화의 징후를 발견하기에 좋은 검사이다.

당신이 평소에 게으른 편이라면 건강검진을 받아보지 않은 상태로 격렬한 운동을 시작하는 건 지양해야 한다. 당신의 심장은 운동 부족으로 약해져 있기 때문에 갑작스러운 운동으로 충격을 받으면 심장마비를 일으킬 수 있다. 만약 콜레스테롤 수치가 높고 동맥벽이 약해져 있거나 혈전으로 막혀 있다면 심장마비의 위험은 더 높다.

목표를 세워라

수많은 사람들은 운동을 하는 데 필요한 돈, 시간, 에너지가 없다고 생각한다. 그러나 운동을 하는 방법에는 여러 가지가 있다. 상대적으로 더 힘들거나 시간이 많이 드는 운동, 혼자 할 수 있는 운동, 다른 사람들과 함께 해야 되는 운동이 있다. 일하면서 할 수 있는 운동도 있으며, 돈 들이지 않고 기구도 필요 없는 운동도 많다.

당신이 생각하기에 가장 재미있고 실용적이며 쉬운 활동이나 운동을 고르라. 달리기가 당신에게 맞지 않는다고 생각한다면 더 이상 달리기는 신경 쓰지 마라. 웨이트 트레이닝을 할 수 있을 만한 신체 조건이 안 된다면 아예 시도하지 마라. 당신이 선택한 운동이 현재의 건강 상태와 생활 방식에 현실적으로 적합한지만을 기준으로 삼아라.

재충전하기 위해 홀로 있어야 한다면 혼자 하는 활동을 선택하라. 그러나 가끔 가족이나 친구들과 함께 하는 운동 역시 즐겁고 운동하려는 동기를 계속 유지시켜주기도 한다는 사실을 기억하라. 꾸준히 운동하기 위해 무언가를 배우면서 사람들과 어울릴 필요가 있다면 그 방법을 선택하라. 헬스클럽을 이용할 만한 돈이 자신에게 있는지, 등록만 해놓고 가지 않는 건 아닐지 자문해보라. 당신이 즐기면서 계속하고 싶은 운동을 고르는 것이 가장 중요하다.

여기서 당부하고 싶은 말이 있다. 어떤 사람들은 자신이 좋아한다는 이유로 매우 경쟁적인 게임이나 스포츠를 선택한다. 그러나 그것은 단순한 운동이 아니라 어떤 수를 써서라도 이겨야 하는 내기가 되어버린다. 스트레스가 풀리는 일과는 거리가 멀어지는 것이다. 만일 당신이 매우 경쟁적인 사람이라면 다음을 명심하라. 혼자서 하는 운동을 선택했다 하더라도 매번 무리하면서까지 기록을 갱신하려고 들지 마라. 그렇게 하면 운동이 점점 재미없어지고, 그전보다 더 잘하지 않으면 오히려 부정적인 감정과 스트레스만 쌓인다.

근무 시간 전이나 중간에, 혹은 퇴근 후에 운동 시간을 내겠다는 목표를 세우라. 즉, 당신의 '해야 할 일' 목록에 적어라. 끼

니를 거르지 않는 것처럼 운동도 거르지 마라. TV 시청이나 인터넷 서핑과 같은 덜 중요한 일을 포기하라. 운동 시간을 작은 휴가라고 생각하라. 오랫동안 공들여 지속해서 생활의 한 부분으로 만들라. 당신의 건강을 향상시키는 것보다 더 중요한 일이 무엇이겠는가?

무리하지 마라

천천히 시작하고 상식적으로 생각하라. 처음부터 무리하지 마라. 당신은 마라톤이나 철인경기에 대비하는 것이 아니다. 운동을 시작하자마자 너무 무리하거나 너무 오랫동안 하게 되면 관절, 인대, 힘줄에 심한 부상을 입을 수 있다. 운동 후 현기증이 나고 어지럽거나 숨을 헐떡거린다면 운동을 너무 빠르고 무리하게 한 것이다. 5분 정도로 시작해서 10분 내지 15분으로 늘려나가라. 신체는 새로운 활동에 적응할 시간이 필요하고 운동 후에는 휴식 시간도 필요하다.

일정한 운동을 택해서 일주일에 3~4일, 최소 30분씩 운동할 목표를 세우라. 한 번에 30분씩 몰아서 할 필요가 없다는 사실을 기억하라. 한 번에 15분씩 두 번에 하거나 10분씩 세 번에 나누어서, 심지어 5분씩 여섯 번에 걸쳐 해도 아무런 상관이 없다. 전혀 운동하지 않는 것보다 10분이라도 하는 편이 훨씬 낫다.

주말까지 기다리지 마라. 주말에만 열심히 운동한다고 해서 건강이 좋아지지는 않는다. 주말 동안의 스트레스가 없어질 뿐이다. 그렇다면 남아 있는 주중의 스트레스는 어떻게 할 것인가? 주중에 운동을 하지 않으면 하루하루 스트레스가 쌓여가고 결국 금요일에는 비참함의 극치에 다다른다. 당신은 주말까지 기다릴 만한 여유를 부릴 수 있는 상황이 아니다.

운동이 단조롭거나 지겹다면 운동을 할 때마다 다양한 시도를 해보라. 운동의 종류, 반복 횟수, 각 세트의 시간을 다양하게 하면 체력과 지구력을 빠르게 키울 수 있다. 나는 매일 개별 운동을 바꾸고 몇 주가 지나면 운동 종류를 전체적으로 바꾼다. 방식을 다양화할 수 있는 운동들이 정말 많다. 운동에 관한 좋은 책들이 많으니 참고해서 자세한 사항을 알아보기 바란다.

휴일을 지켜라

운동을 시작하면서 통증이나 욱신거리는 부분이 없는지 몸을 잘 살펴라. 처음에는 몸이 쑤실 것이다. 몸이 운동에 익숙해질 때까지 하루씩 걸러 운동하라. 쉬지 않고 운동하면 근육을 과도하게 사용해서 다칠 수 있다. 평소 안 하던 운동을 함으로써 근육, 인대, 힘줄에 새로운 부담을 주고 있음을 기억하라. 몸은 새로운 일과에 익숙해져야 하고, 피로에서 회복할 시간도 필요하다. 웨이트 트레이닝을 한다면 이틀 연속 같은 근육을 쓰지 마라. 근육도 휴식이 필요하다.

즉각적인 변화나 효과를 기대하지 마라. 운동의 효과가 나타날 때까지 당신이 선택한 운동에 따라 수주 혹은 수개월이 걸릴 수도 있다. 그러나 매일 스트레스가 해소되고 다음날의 스트레스에도 점점 대처하기 쉬워진다는 것은 금방 느낄 수 있다. 결국 당신은 체력, 지구력, 태도, 그리고 사고방식에서 변화를 경험하게 될 것이다.

운동 일지쓰기

목표를 중간에 포기하지 않고 달성하기 위해 가장 좋은 방법은 운동 첫날부터 일지를 쓰는 것이다. 무엇을 얼마 동안 했는지 간단한 일화로 적어보는 것도 좋다. 근무 중에 5분간 움직였든 테니스를 한 시간 동안 했든 운동 직후에 일지를 쓰도록 한다. 운동을 거르기로 했다면 메모를 남기고 그 이유를 적는다. 이런 피드백을 통해 몰랐던 점도 알게 되고 운동의 동기도 얻을 수 있다.

일지를 보면 그동안 이루어낸 성과가 보인다. 걷기나 조깅을 했다면, 더 나아가 운동 횟수와 심장박동수를 늘렸다면 지구력과 체력이 어떻게 향상되었는지 일지를 보면 알 수 있다. 만약 긴 시간을 낼 수 없어서 근무 시간 중에 서너 번 짧게 운동을 했다면 스트레스를 막기 위해 어떻게 대처했는지에 대한 기록이 일지에 남을 것이다. 또한 일지는 게으르게 지냈거나 스트레스 해소 운동을 거른 적이 몇 번이나 되는지 보여준다. 점차로 향상하여 목표를 달성하면 건강에 좋은 방식으로 자신에게 상을 주어라. 아이스크림을 먹으며 자축하면 절대 안 된다.

가족, 친구, 동료 및 상사와 당신의 계획과 목표에 대해 상의하라. 그들이 당신과 함께 운동하고 싶어 할 수도 있다. 그들에게 이 운동이 당신에게 얼마나 중요한지, 그들의 지원이 얼마나 도움이 되는지 말하라.

점심을 먹기 전에 운동을 하기로 계획했다면 상사에게 그렇게 말하라. 운동이 스트레스에 대처하는 능력을 높이고 병에 걸릴 확률을 낮춘다는 사실을 상사에게 인식시켜라. 당신의 성과와 생산성에 이득이 되고 회사에도 도움이 된다는 식으로 설득하면 상사도 당신을 격려하고 운동을 위한 여분의 시간을 줄 수도 있다.

스트레스를 푸는 3가지 방법

운동에는 스트레칭, 근력 운동, 그리고 심폐 강화 운동이 있다. 각 운동은 다른 방식으로 효과가 있다. 우선 당신의 목표가 무엇인지 결정하라. 심폐지구력을 향상시키고 싶은가? 그렇다면 유산소 운동을 하여 심장박동수를 늘리고 심장을 튼튼하게 하면서 폐활량을 늘리면 된다. 유산소 운동에는 보통 혹은 빠른 속도로 걷기, 조깅, 에어로빅, 사이클링 및 기타 평소보다 빠르게 움직이는 운동이 포함된다.

【7.3】 운동을 위한 중간 점검

당신이 이미 운동을 하고 있다면 아래의 항목에 답해보고 현재 어느 정도의 운동을 하고 있는지 알아본 다음 더 높은 목표를 세우라.

운동을 긍정적으로 생각한다.	예 아니오
건강을 유지하는 데 최선의 노력을 기울인다.	예 아니오
매일 적어도 15분 이상 운동한다.	예 아니오
개인적으로 구체적인 목표를 설정하여 운동 계획을 세운다.	예 아니오
가능하면 운전하는 대신 걷는다.	예 아니오
일주일에 적어도 네 번씩 스트레칭을 한다.	예 아니오
일주일에 세 번씩 근력 운동을 한다.	예 아니오
일주일에 세 번씩 유산소 운동으로 심장박동수를 높인다.	예 아니오
일주일에 한 번씩 스포츠를 즐긴다.	예 아니오
운동과 그 진행 과정을 돌아보고 기록한다.	예 아니오

근력을 키우고 싶은가? 그렇다면 저항 훈련이 좋다. 저항 훈련은 체력과 근력을 키우기 위해서 근육에 저항이나 무게를 가하는 것이다. 이런 운동에는 유연체조, 덤벨 운동, 정적·동적 근력 운동이 있다.

유연성을 키우고 싶은가? 그렇다면 간단한 스트레칭, 요가, 태극권이나 기공을 시도해보라. 이런 종류의 운동은 관절의 동작 범위를 넓히고 몸을 유연하게 하며 몸이 뻐근하거나 쑤시는 증상을 막아준다. 스트레칭은 9장에서 더 자세하게 살펴보기로 하겠다.

미국 스포츠 의과대학은 위에서 언급한 세 가지 종류의 운동을 골고루 하라고 권유한다. 그럼으로써 운동을 다양하고 지루하지 않게 할 수 있다. 또한 당신이 선택한 운동에 강사가 필요한지, 그렇다면 비용은 어떤지도 고려해야 한다.

준비 운동과 정리 운동

어떤 종류의 운동을 골랐든 항상 준비 운동으로 시작하고 정리 운동으로 마무리해야 한다. 침대나 의자에서 휴식을 취하다 갑자기 활동 상태로 들어가서는 안 된다. 장시간 운동을 할 계획이라면 운동의 종류에 맞게 심장, 폐, 근육을 준비시켜야 한다. 준비 운동은 체온을 높이고 더 많은 피를 근육과 관절에 공급한다. 근육에 열이 생기면 그만큼 스트레칭이 잘 되고 부상을 예방한다. 준비 운동으로는 3분 내지 5분 정도 가볍게 걷기, 자전거 타기 등의 유산소 운동을 하면 된다.

그 다음으로 유연성을 위해 가벼운 스트레칭을 하라. 과도한 스트레칭은 좋지 않은데, 그 이유는 운동 후와 비교해 인대와 힘줄이 아직 준비가 되어 있지 않기 때문이다. 스트레칭은 근육에 긴장을 느낄 수 있을 정도로 해야 한다. 천천히 스트레칭하라. 몸에 반동을 주거나 갑작스런 동작은 좋지 않다. 아플 때까지 스트레칭을 하면 안 된다. 통증은 스트레칭을 지나치게 했다는 신호이며, 통증을 느끼면 스트레칭은 아무런 효과도 없다. 준비 운동을 하는 것이지 서커스를 준비하는 게 아니다. 스트레칭을 시작하기 전에 깊게 숨을 들이마시고 몸을 스트레칭하면서 숨을 내뱉는다. 전문가들은 가벼운 스트레칭으로 한 동작을 5초에서 10초 동안 하도록 권한다.

본격적인 운동 후의 정리 운동은 심장박동과 호흡을 정상 상태로 돌려놓는다. 5분 정도 가벼운 정도의 걷기 등 유산소 운동을 한다. 정리 운동에는 약간 더 강도가 높은 스트레칭도 포함되는데, 본운동을 한 후 근육이 이완되어 있기 때문에 훨씬 쉽게 할 수 있다. 각 스트레칭 동작을 10초에서 20초 정도 한다. 정리 스트레칭은 근육통을 예방하는 효과도 있다.

가장 좋은 스트레스 해소법

걷기는 가장 좋은 운동이자 스트레스 해소법이다. 쉬운데다 언제 어디서나 할 수 있기 때문이다. 운동을 싫어하는 사람들에게 특히 좋은 운동이라 할 수 있다. 운동을 위해 걷기를 시작하는 사람들은 보통 지속적으로 하는 경향이 있다. 그들은 걸을 만한 곳으로 공원이나 오솔길같이 자신이 특별히 좋아하는 장소를 찾아낸다. 매주 장소를 바꿔가며 걷기 때문에 질리지 않고 지속적으로 할 수 있다.

나이가 많다는 것은 변명이 될 수 없다. 집 안을 걸어다닐 수 있는 사람이라면 동네도 걸을 수 있다. 물론 주위가 안전하다는 전제하에 말이다. 값비싼 옷이나 장비도 필요 없으며 편안한 신발만 준비하면 된다. 어떤 식으로 걷든, 비록 느리게 걷는다 하더라도 가만히 앉아 있는 것보다는 건강에 더 좋다는 사실을 기억하라.

국립스포츠용품협회의 추정에 따르면 운동으로 걷기를 하는 사람들이 거의 1억 명에 이를 정도로 다른 어떤 종류의 운동보다도 더 많은 사람들이 운동 삼아 걷는다. 걷기는 심장혈관계를 튼튼하게 하고 운동 충격도 낮으며 조깅이나 러닝보다 신체에 무리를 덜 준다. 걷기는 상대적으로 부상의 염려가 없고 몸통, 특히 허리의 근력을 강화하면서 동시에 폐활량도 늘려준다. 칼로리를 소모하고 체중을 조절하는 데도 매우 효과적이다. 또한 정신을 맑게 하고 투쟁-도피 현상으로 생긴 이상 호르몬에 대한 해독제 역할을 한다.

걷기를 생활의 일부분으로 끼워넣을 기회는 생각보다 많다. 나는 날씨가 나쁘면 러닝머신에서 15분 내지 30분 정도 걷는다. 걸으면서 동기 부여 테이프 등을 듣기 때문에 지루하지도 않다. 가게나 쇼핑센터에 갈 때에도 멀리 떨어진 곳에 주차하면 많이 걸을 수 있다. 되도록 엘리베이터나 에스컬레이터보다는 층계를 이용하라. 층계를 오르면 심장박동수를 늘리고 다리 근육을 키울 수 있다.

여행 중에 걷기

직업상 비행기를 자주 타야 하는 사람에게는 공항에서 걸을 기회가 많다. 나는 시간 여유가 있으면 셔틀버스를 타지 않고 통로 사이를 걸어서 이동한다. 이렇게 하면 15분간 빠른 속도로 걸을 수 있는 시간이 생긴다. 기내용 가방은 바퀴가 달려 있어서 쉽게 끌고 갈 수 있는데, 가방을 끌면 더 많은 저항을 받아 팔, 다리, 심장을 운동시키므로 비행기에 앉아 있던 사람이 하기에 손색없는 운동이다.

호텔에 머무는 동안에도 나는 그 주변 지역을 산책한다. 만약 당신도 이런 산책을 하고 싶다면 호텔 직원에게 그 주변이 얼마나 안전한지 먼저 물어보도록 하라. 대부분 호텔 직원은 나에게 지도를 주며 산책하기에 좋은 장소에 표시해주었다. 이런 산책은 한 도시의 일부를 돌아볼 수 있는 썩 좋은 방법이기도 하다. 날씨가 좋지 않은 경우엔 호텔 내 헬스클럽의 러닝머신이나 사이클을 이용하고 수영장에 간다. 호텔에 운동 시설이 없으면 홀을 어슬렁거리기도 하는데, 어떤 호텔은 매우 넓어서 돌아보는 데 족히 15분이 걸릴 때도 있다. 호텔의 카펫은 보통 푹신하기 때문에 길을 걸을 때보다 신체에 충격도 덜하다.

장시간 비행하는 경우에는 적어도 한 시간에 한 번씩 자리에서 일어나도록 하라. 나는 자리에서 일어나 통로를 지나 가장 멀리 떨어진 화장실까지 걷는다. 그리고 비행기 후미에 위치한 주방 근처의 빈 공간에서 스트레칭을 한다. 지금까지 어떤 승무원도 나보고 자리에 앉으라고 제지한 적이 없다. 물론 난기류를 통과할 때는 예외이지만.

직장에서 하루 종일 몇 시간 동안 앉아 있는지 생각해보라. 직장에서도 한 시간 이상 계속 앉아 있지 마라. 당신의 신체는 움직임이 필요하다. 계속 앉아 있기만 하면 허리에 무리가 가고 넓적다리 근육이 뻣뻣해진다. 일어나서 스트레칭을 하고 단 5분이라도 짬을 내서 주위를 걸으라. 동료에게 함께 걷자고 권유해보라. 사정이 허락한다면 밖으로 나가 회사 주변을 한 구획 정도 걷는 것도 좋다. 내 친구는 자기가 근무하는 사무실 빌딩의 층계를 오르내리면서 휴식 시간을 보내기도 한다. 움직임이 스트레스를 없앤다는 사실을 명심하라. 간식을 먹고 커피나 음료수를 마시는 일은 그런 효과를 낼 수 없다는 사실을 기억하라.

'더 많이 걷기 위해 무엇을 할 수 있을까?' 라고 계속 자문하라. 힘들게 혹은 빠르게 걸을 필요는 없다. 5분 내지 10분간의 가벼운 산책이라도 스트레스를 해소하는 데 도움이 되고, 경쾌하게 빨리 걸으면 더 좋다. 어떤 속도로 걷든 앉아 있는 것보다는 훨씬 낫다.

걷기 전 유의 사항

값싼 워킹슈즈를 사려고 기웃거리지 마라. 품질이 좋은 신발을 사야만 한다. 조깅슈즈는 다른 방식으로 제조되므로 걷기에 적합하지 않다. 신발의 안쪽, 특히 뒤꿈치 쪽에 걸을 때의 충격을 흡수할 만한 쿠션재가 충분한지 확인하라. 항상 편안한 신발을 신어라. 밖에서 걸을 때 무언가를 듣거나 이어폰을 끼고 있다면 특히 조심하라. 자동차, 사람, 개도 염두에 두어라. 밤중에 걸을 때는 눈에 띄거나 반사되기 쉬운 색깔의 옷을 입도록 하라. 항상 신분증을 가지고 나가라.

근력 훈련이란?

간단히 정의하자면, 근력 훈련이란 특정한 종류의 저항을 통해 근육을 쓰는 운동이다. 우리는 보통 근력 훈련하면 프리웨이트 free-weight나 기계로 하는 웨이트 트레이닝을 떠올린다. 그러나 수영이나 사이클 같은 유산소 운동을 하면서도 근육 훈련을 동시에 할 수 있다.

근력 훈련이나 저항 훈련은 스트레스 해소에 그만이다. 특히 근력 훈련은 걱정·분노·신경과민이나 우울함을 없애주며, 근육·인대·힘줄의 힘을 강화한다. 근력 훈련은 골질량을 높임으로써 특히 나이 들면서 생길 수 있는 부상을 방지하고 관절을 쉽게 그리고 넓게 움직이도록 돕는다. 또한 신체의 지방을 제거하고, 체중을 줄이며, 콜레스테롤과 트리글리세리드를 낮춘다. 운동을 끝낸 후에도 몇 시간 동안 칼로리가 소모된다. 심장혈관계와 호흡계도 더 효율적으로 기능한다.

사람은 이르면 20대 초반부터 근육량이 감소하기 시작한다.

40세 이전까지 그 변화를 눈치 채지 못할 수도 있지만 어떤 시점에 이르면 몇 년 전엔 들었던 것을 못 들거나 층계도 예전처럼 오르지 못한다는 사실을 깨닫게 된다. 체력과 지구력도 예전만 못하다는 느낌이 든다. 우리의 신체 반응 시간과 균형은 쇠퇴하기 시작한다. 이 시점에서 골질량이 줄어들고 인대, 힘줄, 관절이 퇴화한다. 신체에 지방이 더 쌓이기 시작한다. 그러나 근력 훈련으로 이 과정을 어느 정도 늦출 수 있다.

저항 훈련의 장점은 모든 연령대의 사람들에게 효과가 있다는 것이다. 다양한 연령대의 사람들을 대상으로 이 주제에 대한 많은 연구가 실시되었다. 이 연구들의 결과에 따르면 저항 운동을 한 지 아무리 오래 되었어도 근육은 저항 운동에 여전히 반응을 보인다고 한다. 심지어 85세에도 근육량과 골밀도를 높일 수 있다. 근력 훈련 또한 노인들의 균형 감각에 도움을 준다.

바벨을 든다는 생각만으로도 넌더리를 내는 사람들이 있다. 일하기 전, 근무 시간 중, 퇴근 후에 그렇지 않아도 모자라는 시간과 에너지를 써야 하기 때문이다. 많은 사람들이 돈을 쓰고 시간을 내서 체육관까지 가는 것을 달가워하지 않는다. 그들은 기계를 사용할 차례를 기다리는 일도 싫고, 한 시간 내지 한 시간 반 동안 운동할 시간도 없다. 어떤 사람들은 복잡한 기계를 집 안에 들여서 이 문제를 해결하려고 한다. 그러나 대부분 이 기계들은 비싼 옷걸이로 둔갑하여 한쪽 구석에서 먼지를 뒤집어쓰게 마련이다.

웨이트 트레이닝을 거창하게 할 필요는 없다. 우리는 지금 미스터·미스 코리아가 되려고 하는 게 아니라 스트레스를 해소하려는 것이다. 보디빌딩을 하고 싶다면 그것은 전혀 별개의 문제이다. 나는 그저 당신이 웨이트 트레이닝으로 스트레스를 없애고, 탈진을 예방하고, 근력과 지구력을 기르길 바랄 뿐이다.

손으로 드는 덤벨 한 세트만 준비하면 된다. 처음 시작할 때는 2, 4, 6, 8kg 정도의 덤벨이 적당하며 점차 무게를 늘리도록 한다. 덤벨이 좋은 이유는 가볍고, 사용하기 쉽고, 그것을 가지고 할 수 있는 동작이 많기 때문이다. 저항을 조절하기 위해 무게를 추가하거나 뺄 수 있도록 발목 둘레에 감을 수 있는 제품도 시중에 나와 있다. 물을 채울 수 있는 덤벨도 있는데, 출장 시 가져가기에 안성맞춤이다.

저항 밴드는 가볍고 크고 탄성이 있는 고무 밴드인데, 스트레칭을 하면서 잡아당길 때 사용한다. 저항 밴드로 단련시킬 수 있는 근육 부위는 많다. 책상 서랍에 넣어놓고 근무 시간 중 짬짬이 써보자. 여행할 때 가방에 넣어 가져갈 수도 있다. 밴드 중에는 운동 방법이 적힌 목록이 딸려 있는 것도 있다. 무엇보다 밴드의 가장 좋은 점은 가격이 저렴하다는 것이다.

도서관이나 서점에서 웨이트 트레이닝에 대한 좋은 책을 골라 읽어보기 바란다. 책에서 웨이트 트레이닝 방법, 사용 빈도 수, 세트 수, 세트당 동작 횟수에 대하여 정보를 얻어라. 부상

없이 올바른 방법으로 근력을 키우기 위해 필요하다.

현실적으로 웨이트 트레이닝에 어느 정도의 시간을 할애할 수 있는지 생각해보라. 만약 시간을 한꺼번에 낼 수 없다면 하루 중 두세 번으로 나누어서 하면 된다. 내가 아는 어떤 사람들은 가벼운 덤벨이나 저항 밴드를 직장에 두고 다니면서 스트레스를 받을 때마다 꺼내어 운동한다. 단 5분이라도 하고 나면 스트레스를 없애고 에너지를 재충전하는 데 도움이 된다. 집에 와서 10분간, 밤에 또 10분간, 이런 식으로 하는 것도 좋은 방법이다.

웨이트 트레이닝을 고역으로 생각해서 거르지 않도록 주의하라. 시간이 부족하다고 스트레스를 받아서도 안 된다. 하루 중 두 번에서 네 번으로 나누어 짧은 시간 동안 하는 근력 운동은 더 긴 시간 동안 운동하는 것만큼 근육을 강화시키고 스트레스를 해소시키는 효과가 있다. 기억하라. 중요한 것은 총 운동 시간이다. 운동을 시작하고 나면 얼마 지나지 않아 근무 시간 중에 스트레스를 느끼는 정도가 낮아졌다는 느낌이 들 것이다. 게다가 하루 중 일어나는 사건들에 대처할 수 있는 체력과 지구력이 커졌음을 경험할 것이다.

스트레스를 다스리는 운동

이외에 다른 많은 운동도 우리에게 도움이 된다. 운동광까지 될 필요는 없지만 운동을 투쟁-도피 증후군에 대한 건강한 해독제로 여겨라. 날마다 스트레스 호르몬에 대처하는 조치를 취해야 한다는 생각을 가져야 한다. 아래에 재미있고 쉽고 비용도 적게 드는 운동을 소개했다. 근무 시간 중에는 할 수 없겠지만 회사 내에 체육관이 없다면 점심시간을 이용해서 할 만한 것들이다. 다시 한 번 강조하지만, 운동을 하기 위해 한꺼번에 낼 수 있는 시간보다 하루 중 운동하고 스트레스를 푸는 총 시간을 생각하라.

조깅, 러닝

조깅이나 러닝은 심장혈관계뿐만 아니라 폐에도 매우 좋은 운동이다. 또한 지구력과 체력을 기르는 데 매우 좋으며, 지방을 태우고 체중을 줄이는 데에도 탁월한 효과가 있다.

단점이라면 날씨에 영향을 받는다는 것과 무릎, 발목, 허리의 인대와 힘줄에 부담을 줄 수 있다는 것이다. 그러나 러닝머신이 이런 문제들을 해결할 수 있다. 다만 쿠션재가 충분히 들어간 질 좋은 러닝슈즈를 구입하는 데 인색하지 말아야 한다. 엉터리로 만들어진 값싼 신발은 부상과 통증의 위험을 더할 뿐이다.

사이클링

사이클링은 내가 가장 좋아하는 운동 중 하나이다. 내가 사는 곳이 사우스플로리다라서 거의 매일 사이클링을 할 수 있기 때문이다. 사이클링의 단점은 주변의 교통 환경과 넘어질 때의 위험성이다. 이 운동은 심장혈관계에 좋다. 다리에 문제가 있어서 웨이트 트레이닝이 곤란한 사람에게도 사이클링은 관절염 예방을 위해 좋은 운동이다. 뛰는 것을 좋아하지 않는 과체중인 사람들에게도 매우 좋다. 물리치료사들은 무릎 및 엉덩이 관절과 허리에 가장 좋은 운동으로 사이클링을 추천한다. 뿐만 아니라, 다리의 지속적인 움직임이 동적인 명상과도 같은 역할을 하면서 정신을 맑게 하고 신체에 활력을 가져다준다.

사이클링의 또 다른 장점은 평소에 가지 않는 지역까지 돌아볼 수 있다는 점이다. 날씨가 좋다면 직장에, 가게에, 심부름을 갈 때 자전거를 이용해라. 만일 날씨 등의 여건상 사이클링이 불가능하다면 고정 사이클을 구입하는 것도 효과적이다. 몸을 편 자세이지만 앉아서 운동하기 때문에 특히 허리에 좋다.

골프

골프는 걷기 운동으로서 매우 좋다. 비록 중간에 자주 멈추긴 하지만 18홀 코스에서 골프를 친다면 8km는 족히 걸을 수 있다. 게다가 아름다운 코스와 주변의 경치는 마음에 휴식과 안정을 준다. 골프는 스트레스 해소법 중 최고라 할 수 있다.

나는 가끔 세미나에 참가한 청중에게 골프를 치느냐고 묻는다. 그리고 골프를 치면서 좌절하고 화를 내는 사람이 있는지 물어본다. 이때 손을 드는 사람들이 꽤 많다. 만약 당신의 성격이 경쟁적이고 게임 중에 스트레스를 받는다면 당신의 반응에 대해 한번 생각해보고 게임을 바라보는 방식을 바꿔야 한다. 게임 후에도 몇 시간 동안 화가 나 있다면 명상 등을 해서 그 화를 날려버리도록 하라. 이상하게도 골프 코스에서 심장마비를 일으키는 사람이 많다. 분노의 감정이 그런 불상사를 일으키는 게 아닐까?

수영

수영을 부담스런 운동으로 생각한다면 수영은 안전 그 자체라는 사실을 알기 바란다. 수영은 물속에서 몸을 움직이는 운동이라 엉덩이, 어깨, 허리나 무릎에 충격으로 인한 관절 마모가 없다. 물은 근육을 이완시키고 스트레스와 긴장을 풀어준다. 근육이나 뼈에 무리를 주지도 않는다. 관절의 유연성과 동작 범위를 넓혀주기 때문에 관절염을 앓는 중년이나 노년에 하기 좋은 운동이다. 탁월한 저충격 유산소 운동이라 할 수 있다.

보통 허리에서 어깨 높이의 물속에서 하는 아쿠아로빅도 고려해볼 만하다. 물의 부력은 뼈와 근육에 가해지는 충격을 완화해준다. 따라서 몸에 부담을 적게 주기 때문에 나이 든 사람과 과체중인 사람에게 매우 좋다. 부상을 입었던 적이 있는 사람에게 수영은 지상에서 하는 유산소 운동이나 달리기에서 오는 강한 충격을 피할 수 있는 좋은 대안이다.

평소보다 더 빨리, 더 많은 저항을 받고 반복해서 움직여라. 그러면 칼로리가 타고 혈액의 흐름이 증가하며 신체가 강해지고 스트레스가 해소된다. 운동처럼 보이지는 않지만 누구나 할 수 있고 운동과 비슷한 효과를 주는 움직임이 있다. 가사 노동, 정원 가꾸기, 좋아하는 노래에 맞춰 춤추기, 기타 많은 취미 활동 등이 그 예이다. 이 책에서 제안하는 운동이 자신에게 적당하지 않으면 매일 움직이면서 기분을 전환하고 정신을 맑게 하는 활동을 하라. 움직임을 통해 스트레스를 통제하고 매일 활기찬 직장 생활을 하는 것이 핵심이다.

08 정신과 몸의 관계

인도에는 '모든 사람은 육체, 정신, 감정, 영혼을 주관하는 네 개의 방으로 이루어진 집을 가지고 있다'는 속담이 있다. 우리는 보통 대부분의 시간을 하나의 방에서만 지내려 하지만 매일 환기하기 위해서라도 각각의 방에 들어가지 않으면 완전한 사람이라 할 수 없다(Godden, 1989).

스트레스를 받으면 옛날 브로드웨이 연극의 제목인 '세상이여, 멈춰라. 어지러워서 내려야겠다(Stop the World, I Want to Get Off)'라는 구절이 생각난다. 스트레스를 받으면 육체 건강에 좋지 않을 뿐만 아니라 집착과 걱정의 회전목마를 탄 듯 정신이

어지러워진다. 가끔 정신이 폭발해버릴 것 같은 느낌이 들기도 한다. 그러나 다행히도 스트레스를 받아서 정신이 없을 때 마음을 가라앉힐 수 있는 방법이 있다. 바로 명상이다.

명상은 스트레스를 없애기 위해 휴식을 취하면서 마음이 고요해지도록 가라앉히는 하나의 방식이다. 또한 육체적인 에너지를 사용하지 않고 스트레스를 푸는 간단한 방법이다. 사실 아무것도 필요하지 않으며 누구라도 명상을 할 수 있다. 물론 신체적으로 불편한 사람들도 포함된다. 유일하게 필요한 것은 호흡뿐이다. 명상의 놀라운 힘은 명상을 함으로써 따라오는 혜택에서 두드러진다(【8.1】 참조).

【8.1】 명상의 효과

스트레스와 탈진을 감소시킨다.
건강과 인생의 질을 전체적으로 높인다.
혈압을 낮춘다.
심장병의 위험을 낮춘다.
통증이 완화된다.
전반적인 행복감을 준다.
슬픔, 걱정, 우울함을 극복할 수 있다.
집중력을 높일 수 있다.
문제 해결 능력과 의사 결정 능력이 향상된다.
창조성이 향상된다.
영성이 높아진다.
인생에서 더 심오한 의미를 얻는다.
타인에 대한 연민, 이해, 사랑이 커진다.

시대를 거쳐 전해진 비밀

명상이 정확히 언제 시작되었는지는 아무도 모르지만 인류 초기부터 시작되어 전해 내려온 것은 확실하다. 옛날 사람들은 맑은 밤하늘의 별을 보면서 혹은 저녁에 피워놓은 모닥불의 불꽃을 보면서 명상을 했다. 이러한 흔적은 《성경》이나 동굴 벽화에서도 엿볼 수 있다.

고대 부족의 무당들은 춤을 추거나 북소리를 들으면서 무아지경 혹은 신들림에 빠졌다. 명상의 자세는 고대 인도의 요기[*]들로부터 시작되어 중국과 티베트로 퍼졌다. 그리고 요가를 수행했던 부처의 가르침에서 정신적인 명상의 개념이 확립되었다. 고대 중국의 도교 신자들은 느리게 움직이면서 명상하는 방법을 만들었다. 시간이 지나면서 명상은 중동으로 퍼져 유대-그리스도교 및 이슬람교의 가르침과 전통에 영향을 미쳤다. 초기 그리스도교 수도사들은 신과 가까워지기 위해 명상을 수행했다. 초기 유대 명상가들은 신비적인 카발라[**]를 통해 신과 대화하고자 했다. 모하메드 이전의 이슬람 수피교도들은 알라신을 만나기 위해 기도하면서 빙빙 도는 방식으로 명상을 했다.

미국 원주민들은 미 대륙이 발견되기 수세기 전부터 이미 명

[*] yogi: 요가 수행자
[**] kabbalah: 히브리어로 '전승傳承'을 뜻하며, 중세 유대교의 신비주의 분파에서 전해 내려오는 전통 및 운동을 통칭한다.

상을 하고 있었다. 동양적인 형식의 명상이 대서양을 건너온 때는 초기 식민지 개척 시대이다. 그 이후 미국에서 수행되어온 명상은 1960년대와 1970년대에 와서야 주목받기 시작했다. 당시 미국인들의 관심을 강하게 사로잡은 명상은 마하리쉬 마헤시 요기가 가르친 '초월 명상(Transcendental Meditation: TM)'이었는데, 이 명상은 비틀스를 비롯한 유명인들에 의해 직접 연구되었고 히피 문화의 한 관행이 되었다. 힌두교에서 유래한 초월 명상은 반복적인 소리나 스승이 내려준 만트라mantra를 읊조리는 명상 방법이다.

처음 몇 년 동안 초월 명상은 길고 헐거운 옷을 입고 긴 수염에 미소를 짓는 마하리쉬 교도들이 하는 괴상한 의식 정도로 여겨졌다. 초월 명상을 처음 접하는 많은 사람들은 향, 만트라, 챈팅*을 보고 명상 수행에 회의적인 반응을 보였다. 그러나 현재 명상은 주류에 속하며 미국에서만 1000만 명이 명상을 행한다. 명상이 몸과 마음에 미치는 유익한 효과에 대한 연구도 활발히 이루어지고 있다.

미국에서 수행되는 명상에는 많은 종류가 있다. 불교 수도승의 젠zen 명상에서부터 인도 마하리쉬의 초월 명상, 그리고 하버드 대학 의학박사인 허버트 벤슨 박사가 구체화한 '이완 반응 Relaxation Response'에 이르기까지 다양하다. 또한 명상에는 다

---

*chanting: 염불 독송

음 장에서 설명할 요가, 태극권, 기공과 같이 움직이며 자세를 취하는 방식도 있다.

명상의 이유

명상은 종교가 아니다. 또한 명상을 한다고 해서 당신의 철학적·종교적 신념을 바꿀 필요도 없다. 비록 명상이 종교에 대한 이해를 높여주고 신과 더 가까워질 수 있는 계기를 제공하기는 해도 명상을 하기 위해 당신이 종교적인 사람이 될 필요는 없다. 당신의 가치나 생활 방식을 포기하도록 요구하지도 않는다. 무엇인가를 숭배할 필요도 없고 꼭 스승을 만나야 되는 것도 아니다.

명상의 목적은 마음을 느긋하고 고요하게 함으로써 몸을 편안하게 하는 데 있다. 마음을 차분하게 가라앉히면 평화로움과 고요함을 느낄 수 있다. 그럼으로써 사고와 감정을 더 잘 조절하는 것이다. 명상은 사고 과정을 지배하는 방법으로, 정신을 집중하여 생각이 더 이상 흩어지지 않게 한다. 일시적으로 사고의 흐름이 느려지고 깊은 휴식 상태에 들어간다. 그러나 여전히 주위 환경에 대하여 또렷이 의식한다. 소리나 단어, 기도, 이미지, 대상(촛불 등), 자연 혹은 생각에 초점을 맞추거나 집중함으로써 정신을 훈련시킨다. 이때 읊조리는 단어나 소리를 '만트라'라고 한다.

가끔 정신을 통제할 수 없을 때가 있다. 이럴 때는 마치 야생

마처럼 날뛰는 정신을 진정시키거나 제어하기가 힘들다. 명상은 당신을 현재에 머무르도록 돕는다. 그리고 현재를 상대하도록 한다. 이는 불교에서 '깨어 있는 마음mindfulness'이라고 부르는 수행 방법이다. 즉, 현재의 순간을 강렬하게 의식하면서 그 순간만을 산다는 의미이다.

명상은 당신의 정신을 어지러운 생각에서 해방시키고 고요한 상태로 이끈다. 실제로 당신은 명상을 통해 그러한 생각을 자신으로부터 분리시켜 사라지게 할 수 있다. 당신은 명상을 통해 의식을 확장하고 생각, 느낌, 감정을 인식함으로써 이들을 더 잘 통제할 수 있게 된다. 명상을 통해 당신의 정신과 몸이 어떻게 상호 작용하는지 더 잘 이해하고 초점을 더 잘 유지할 수 있다.

사람들이 명상을 하는 이유는 각기 다르다. 어떤 이들은 스트레스, 화, 부정적인 감정을 조절하기 위해 명상을 한다. 또 다른 이들은 몸에 휴식을 주고 마음에 평화를 주는 효과 때문에 명상을 한다. 명상을 통해 얻는 지혜와 창조성 또한 명상하는 이유로 자주 꼽힌다. 몸과 마음에 즉시 좋은 효과가 나타난다는 매우 단순한 이유로 명상을 하는 사람들도 있다. 명상은 나이를 막론하고 누구라도 할 수 있다.

이유야 어떻든 명상은 운동할 에너지가 없다고 말하는 사람들에게 안성맞춤이다. 신체적인 제약으로 운동이 곤란한 사람들에게도 좋은 방법이다. 또한 운동하는 데 한 시간도 낼 수 없는 사람에게도 좋다. 단지 5분에서 20분 정도면 충분하니 말이다. 직장에서도 명상을 할 만한 비교적 조용한 공간을 찾을 수 있다면 점심시간 전이나 휴식 시간에 할 수 있다. 명상은 스트 레스를 푸는 강력한 도구이다. 지난 11년간 명상을 해온 나는 명상이 운동 능력을 향상시켜준다는 사실을 발견했다. 명상을 통해 얻은 에너지로 육체적인 운동을 열심히 할 수 있기 때문이 다. 운동과 명상을 병행하면 매우 효과적이다. 매일 직장에서 받는 스트레스를 해소하고, 초점 없는 생각과 걱정으로 혼란스 러워지는 마음을 다잡으며, 내일을 대비해 재충전할 수 있으니 말이다.

명상의 효과

하버드 대학의 심장병 학자인 허버트 벤슨 박사는 명상의 효 과와 서양 의학 사이의 결정적인 연관성을 처음으로 밝혀냈다. 그는 수세기에 걸쳐 수행되어온 명상의 효과를 과학적으로 설 명했다. 그는 1960년대와 1970년대 동양의 초월 명상(TM) 수행 자들을 대상으로 한 연구를 1975년에 초판 발행된 유명한 저서 《이완 반응The Relaxation Response》을 통해 발표했다.

벤슨은 "일단 데이터가 수집되고 나자 우리는 부정할 수 없는 사실을 발견했다. 초월 명상 수행자들은 놀라운 생리적인 반응 을 보였다. 심장박동수, 신진대사 및 호흡수가 내려간 것이다.

후에 나는 이 반응을 '이완 반응'이라 명명했다. 또한 연구를 계속하여 명상이 혈압을 낮추는 데 효과가 있다는 사실도 밝혀냈다(2000, xvi)"고 서술했다. 벤슨의 연구는 깊은 휴식의 상태로 이끄는 명상의 의심할 여지없는 효과를 증명했는데, 그는 이것이 투쟁-도피 증후군의 완벽한 해독제라고 주장했다. 명상은 혈액 속에 분비된 스트레스 호르몬의 영향을 억제했다.

그 이후 이 분야의 과학 잡지에 게재된 수백 개의 논문은 건강에 이로운 명상의 놀라운 효과를 증명하였다. 〈타임〉의 최근 커버스토리인 명상 관련 기사에서는 '수백만의 미국인들이 매일 수행한다. 왜? 효과가 있으니까'라는 제목을 달기도 했다(Stein, 2003). 이처럼 스트레스에 찌든 우리의 삶에 긍정적인 영향을 미치는 명상의 효과를 증명하는 연구 결과가 속속 나오고 있는 가운데 서양의 의학 및 과학 박사들은 명상의 효과에 대해 심층 연구에 들어갔다. 【8.1】에 열거된 명상의 효과를 다시 한 번 보라. 명상하는 사람들은 더 오랫동안 행복하고 건강하게 산다는 결론이 나온다. 명상하는 이들은 아프거나 병원을 찾거나 입원하는 일이 상대적으로 적다.

명상의 유익함이 중요한 이슈로 떠오르자 2003년에는 티베트 불교 수도승들이 달라이라마를 모시고 미국의 신경의학 학자들과 MIT의 행동의학 학자들을 만나 명상의 의학적 가치에 대해 토론을 벌였다. 이 토론은 입장권이 매진되고 대기자 명단이 생길 정도로 성황을 이루었다. 명상의 의학적 효과에 대한 연구와 토론의 장이 더 많이 기획되고 있다. 명상의 대가와 의학자들 간의 이 전례 없는 토론을 계기로 앞으로 수년간 명상의 효과가 계속 연구되고 설명될 것이다.

직장에서 명상하기

명상의 가장 큰 효과는 직장에서 가장 뚜렷하게 나타난다. 출근하기 전, 점심시간 전 혹은 휴식 시간 중에 명상할 시간을 찾을 수 있다면 그 효과는 크게 증대된다. 이 적은 시간 투자로 매일 업무에서 큰 성과를 얻을 수 있다. 명상을 통해 스트레스 반응을 예방하거나 그 효과를 약화시킬 수 있도록 대비할 수 있기 때문이다.

명상을 하는 사람들은 다른 사람들이 우울해할 때도 긍정적인 태도를 유지한다. 부정적인 자기 암시를 피하는 법을 알고 있기 때문이다. 명상은 자기 패배적인 말과 행동으로부터 당신을 보호한다. 명상을 하는 사람은 주변에서 일어나는 일에 더 관용적인 태도를 가진다. 일어나는 변화에 맞서 싸울 필요 없이 주변의 혼란을 더 잘 조종할 수 있다. 그 결과가 긍정적이지 않더라도 상황을 더 잘 받아들이거나 또는 상황을 변화시키기 위해 생산적인 행동을 취하기 시작한다. 그 결과 자신의 운명을 자기 스스로 통제하고 있다는 느낌을 가질 수 있다.

명상을 수행하면 최종 기한의 압박 속에서도 안정되게 일할 수 있다. 명상을 하지 않았다면 겪었을 불안, 스트레스, 두려움에 반응을 보이지 않는다. 임무나 프로젝트를 끝내기 위해 바쁘게 일하다가 방해를 받더라도 버럭 화내지 않는다. 현재에 더 충실하고 자신의 반응을 통제할 수 있으며 분노로부터 금방 회복된다. 생각을 관찰하여 이를 평온하게 할 수 있다는 사실을 깨닫는다.

명상을 통해 정신을 가다듬는 법을 배우기 때문에 집중력이 높아진다. 직장에서도 주위의 소음을 차단할 수 있다. 당신의 주의를 산만하게 했던 시끄러운 소리는 더 이상 방해가 되지 않는다. 피로를 막을 수 있는 체력이 좋아지고 집중하는 시간도 늘어나므로 생산성이 높아진다. 또, 정신이 맑기 때문에 어려운 결정을 내릴 때 으레 겪는 혼란스러움을 피할 수 있다.

명상을 한 후의 생각들은 분산과 혼란의 정도가 덜하다. 나는 이런 상태를 호스 끝에 끼운 스프레이 노즐에 곧잘 비유한다. 당신은 노즐을 조절하여 모든 방향으로 물을 뿜거나, 하나의 물줄기로 만들어 강력하고 빠르게 물을 뿜을 수 있다. 이런 집중된 사고는 창조성을 향상시킨다. 또한 세세한 사항에도 더 큰 집중력을 발휘할 수 있다. 당신의 직업이 광고, 마케팅, 영업과 같이 창조성을 중요시하는 분야라면 명상은 새로운 아이디어를 창출하는 능력을 크게 신장시켜줄 것이다. 명상을 통해 예전에는 있는지도 몰랐던 잠재력의 뚜껑을 열게 되면서 창조성이 부글부글 솟아오르는 것을 느낄 것이다.

명상은 다른 사람들과 함께 일하는 데 도움을 준다. 인간관계

형성도 더 쉬워지는데, 그 이유는 명상을 통해 자신과 타인을 더 잘 수용하게 되기 때문이다. 타인에 대해 연민을 느끼고 관심을 가지게 된다. 동료들에게 인내심을 갖고 그들의 약점과 실수에 관대해지는 자신을 상상해보라. 명상은 타인이 당신에게 행한 잘못을 용서하도록 인도한다. 어쩌면 수년 동안 당신이 싫어하거나 말다툼을 벌여왔던 사람들에게 생각지 못한 친절을 베풀게 될지도 모른다.

명상의 기술

명상하기에 적합한 시기가 따로 있는 것은 아니다. 그저 적당하다고 생각할 때 하면 된다. 스트레스를 가장 많이 받을 때 명상을 한다면 효과가 두드러질 것이다. 바쁘거나 스트레스가 많은 일을 시작하기 전에, 혹은 사람들과 네트워크를 형성하기 전에 명상을 하면 매우 좋다. 명상을 하면 더 조심스러워지고 에너지가 넘친다. 나는 연설 전에 명상을 즐겨 하는데, 그렇게 하면 마음이 침착해지고 정신이 또렷해지면서 중심을 잡을 수 있기 때문이다.

명상해야 할 때

명상을 가르치는 많은 스승들은 아침에 일어나자마자 명상하라고 권유하는데, 그것은 아침에 잠재의식이 가장 활짝 열려 있기 때문이다. 밤새 수면을 통해 휴식을 취한 만큼 몸이 재충전되어 있어, 아침 시간은 그날의 일과에 집중할 수 있도록 정신을 맑게 하는 데 가장 적합한 시간이다. 따라서 잠재의식을 긍정적인 사고로 채우고 그날에 맞게 상태를 조절할 수 있다. 그러나 안타깝게도 이 바쁜 세상에 맞벌이 부부나 홀어버이 가정에서는 이 시간이 비현실적일 수도 있다. 도무지 짬을 낼 수 없기 때문이다.

잠자기 직전도 명상을 하기에 좋은 시간이다. 특히 생각을 끊어버리는 데에 문제가 있다면 이 시간이 명상하기에 좋다. 잠자기 직전의 명상은 정신을 고요히 가라앉히고 그날의 걱정거리와 내일에 대한 염려를 씻어낸다. 더 평화롭고 깊은 수면을 취하도록 도와주고 다음날을 위한 에너지 레벨을 놀랍도록 향상시킨다.

어떤 사람들은 하루에 5분 내지 10분씩 서너 번의 짧은 명상을 한다. 나는 특히 스트레스를 많이 받은 날이면 짧은 시간 동안 명상을 하는데, 짧으나마 하지 않는 것보다 훨씬 낫다. 또한 비행기를 타고 이동하는 동안에 시간이 허락되면 더 길게 명상한다.

어떤 사람들은 하루에 한두 번 15분에서 20분씩 명상 시간을 갖는다. 어느 정도 명상을 해온 사람들은 종종 명상 시간을 30분이나 그 이상으로 늘린다. 다른 시간대에도 명상을 해보고 어느 시간대가 가장 효과적인지 알아보라. 자신에게 가장 맞는 시간대를 발견하면 매일 그 시간에 명상하도록 일정을 짜라. 시간적인 압박, 자유 시간, 생활 방식에 따라 각자의 생활에 가장 적합한 시간대가 다를 것이다.

식사 직후에는 명상을 하지 마라. 소화 과정이 명상을 방해하기 때문이다. 기진맥진해 있을 때도 명상을 삼가라. 어차피 당신을 재충전해주지 못한다. 매우 지쳐 있는 상태라면 금방 잠에 곯아떨어질 뿐만 아니라 그때는 잠이 당신의 몸에 가장 필요하기 때문이다.

명상을 할 때는 그 과정에 익숙해질 때까지 그저 몇 분 동안만 명상하는 식으로 천천히 시작하라. 내가 처음 명상을 시도했을 때는 단지 5분 정도였다. 그러나 그 시간은 마치 영원처럼 느껴졌고 내 생각은 바나나가 잔뜩 달린 나무 위의 흥분한 야생 원숭이처럼 이리저리 날뛰었다. 첫 주는 5분부터 시작해서 둘째 주에는 2분을 더 늘리고 그 다음 주에 다시 2분을 늘리는 식으로 하라. 시간이 있다면 명상 시간을 15분 내지 20분까지 늘려보라. 하루에 두 번씩 명상할 수 있다면 더 효과적일 것이다. 그러나 하루에 한 번이라도 하지 않는 것보다 낫다는 점을 기억하라.

중요한 점은 정기적으로 명상을 할 수 있도록 정성을 기울여야 한다는 것이다. 즉, 짧으나마 하루에 명상하기 위한 시간을 할애해야 한다. 더 자주 명상할수록 그 보상도 훨씬 커진다. 명상에 익숙해지면 그 효과는 커지고 강해진다. 마치 근육을 쓰는 것과 같다. 더 많이 쓸수록 더 강해지고 기분도 더 좋아진다.

명상에 좋은 장소

어느 장소에서든 명상을 할 수 있다. 정신을 집중할 수 있는 조용하고 평화로운 곳을 찾아라. 방해 요소가 너무 많으면 안 좋다. 집에서는 방문을 닫고 하라. 신선한 공기가 많은 장소를 골라야 하므로 바깥 기온이 적당하면 창문을 열어놓으라.

나는 뒤뜰의 테라스에서도 명상한다. 뒤뜰의 새소리는 매우 평화롭고 기분을 안정시킨다. 테라스는 소음만 심하지 않으면 명상하기에 매우 좋은 장소이다. 정원, 공원, 꽃밭, 식물, 나무는 명상과 궁합이 잘 맞는다. 마음을 진정시킬 수 있도록 도와주기 때문이다.

내 친구는 직장에서 업무가 끝나면 마음을 차분히 하기 위해 책상 앞에 앉아 명상을 한다. 그는 이것이 퇴근 후 혼잡한 고속도로를 거쳐 집까지 운전하고 가는 데에 도움을 준다고 생각한다. 직장에서 커피를 마시며 잡담하는 대신 책상 앞에 앉아 명상하는 사람들도 있다. 어떤 사람들은 그 10분 동안 방해하지 말라고 부탁하거나 문 앞에 '방해 금지'라는 알림판을 달아놓기도 한다. 이런 방법들이 모든 사람들에게 현실적이지는 않다. 자신의 사무실이나 책상 없이 일할 수도 있으니 말이다.

세미나 참가자 중에 작은 사업체를 운영하는 사장이 있었다.

아주 바쁘고 스트레스가 많은 환경에서 일하는 그는 매일 점심 시간마다 공원에 간다. 그곳에서 15분간 명상을 한 다음 점심을 먹는다. 그는 고요한 분위기가 깨지는 것을 원치 않기 때문에 휴대폰도 꺼놓는다. 직원들에게는 회사에 불이 나지 않는 이상 자기를 찾지 말라고 일러둔다. 그는 이렇게 15년간 명상을 해왔지만 아직까지 한 번도 중간에 회사로 불려갈 정도로 급한 일이 생긴 적은 없다고 한다. 명상 후 그는 오후를 맞이할 에너지로 충만해진다.

명상은 비행기에서나 호텔 방에서도 할 수 있다. 어떤 사람들은 명상을 하기 위해 교회나 성당에 간다. 아름답고 조용한 야외 공간을 찾는 사람들도 많다. 당신에게 적당한 시간과 장소에서 명상하라. 그리고 당신에게 필요할 때 명상하라.

재미있게 명상하라

꾸준히 명상을 하려면 명상을 즐겨야 한다. 명상을 즐기지 못하면 빨리 포기해버리기 때문에 스트레스를 푸는 좋은 기회를 잃어버린다. 너무나 많은 사람들이 처음부터 완벽한 명상가가 되려고 한다. 그래서 자신의 정신이 산만하다는 사실을 깨달으면 그것을 막기 위해 지나치게 노력하게 되고, 산만한 생각을 막지 못하는 상황에 이르러서는 좌절하고 만다. 그러면 자신이 명상에 소질이 없다고 생각해서 더 분발한다는 생각으로 명상의 방법이나 반응을 억지로 통제하려고 한다.

명상은 즐거운 경험이어야 한다. 당신의 인생에 또 다른 스트레스나 괴로움을 주는 존재여서는 안 된다. 당신의 정신은 원래 복잡하기 때문에 산만하게 마련이다. 따라서 그 산만함은 정신이 겪는 자연스런 과정이다. 명상을 틀린 방법으로 하고 있기 때문이 아니다. 당신의 마음에 떠오르는 생각 중에는 유쾌하지 않은 것들도 있다. 그 생각이 무엇이든 그 존재 자체는 자연스러운 현상이다. 당신은 다양한 감정과 분위기를 느낄 것이다. 흔한 일이므로 이에 저항하지 마라. 자신을 비판적으로 바라보지 마라. 마음을 가볍게 가져라. 자신에게 괜찮다고 타이르고 다시 초점으로 돌아오라.

확언의 힘

우리의 마음은 믿을 수 없을 정도로 강하다. 인류는 사고 과정의 통제와 자기 암시를 통해 인생을 변화시킬 수 있다는 사실을 오래전부터 알고 있었다. 당신의 몸은 당신이 정신에게 하는 모든 말을 듣고 긍정적 혹은 부정적으로 반응한다. 그러니 건강을 위해서 스스로에게 긍정적인 생각과 말을 들려주는 버릇을 길러야 한다. '확언'이란 간단하게 말하자면 스스로에게 반복해서 들려주는 긍정적인 말이다. 확언의 목적은 특정한 결과나 목표를 성취하도록 돕는 데 있다. 확언은 부정적인 정신 자세를 긍정적으로 바꿔준다.

확언은 어느 때든 어느 장소에서든 할 수 있다. 예를 들어, 담배를 끊고 싶다면 자신에게 계속해서 '나는 금연한다'고 말하면 그 목표를 이룰 수 있다. 살을 빼고 싶다면 자신에게 '나는 날씬하다'라고 끊임없이 말하라. 확언은 그 외의 여러 상황에서도 사용할 수 있다. 세일즈맨은 '나는 계약을 성사시킬 거야'라고, 면접을 보러 가면 '멋지게 면접을 끝내야지' 또는 '전혀 긴장되지 않아'라든지, 발표를 앞둔 때에는 '내 마음은 평화롭고 고요하고 안정적이다'라고 자신에게 반복해서 말해보라. 나는 많은 청중 앞에서 기조연설을 하기 전에 기운을 북돋우기 위해 확언을 사용한다. 또한 꽉 막힌 도로에 있을 때나 협상을 할 때 평상심을 유지하기 위해서도 확언을 사용한다. 확언을 되뇌면 어렵고 스트레스 받는 상황에서 마음을 안정되게 유지할 수 있다.

긍정적인 정신 자세는 신체에도 유익한 영향을 미친다. 긍정적으로 사고하면 신체가 질병에 맞서 싸우고 치유되는 능력이 증가한다. 부상에서 회복하리라고, 혹은 병이 나을 것이라고 자신에게 계속해서 말하면 신체가 긍정적으로 반응해서 치유 과정이 단축되도록 유도할 수 있다. 긍정적인 생각을 반복하는 것은 의사로부터 처방받은 치료의 효과를 높이고 회복을 빠르게 하는 방법이다. 나는 몇 달 전에 무엇을 들어올리다가 허리를 크게 다쳤다. 그래서 '내 허리는 괜찮다', '내 허리는 강하다'라고 끊임없이 되뇌었다. 나중에는 이 말을 만트라처럼 반복하였는데, 내 허리는 정말 놀라울 정도로 빨리 나았다.

　시각화란 상상력을 이용해 원하는 것을 얻은 자신을 그려보는 방법이다. 원하는 조건이나 상황에 이미 자신이 있다고 상상하는 것이다. 많은 운동선수들이 이 시각화를 사용해 경기에 임하는 완벽한 자신들의 모습을 그린다. 이런 시각화를 통해 그들은 상대 선수보다 우월한 위치에 설 수 있다.

　사람의 상상력은 믿기 어려울 정도로 강하기 때문에 소망을 이루도록 돕는다. 많은 동기 유발 연설가들이 흔히 하는 말이 있다. 그것은 '볼 수 있다면 믿을 수 있고, 믿을 수 있다면 이룰 수 있다'는 말이다. 자신이 새로운 직장, 집, 차를 가지고 있는 모습을 눈앞에 그리면 시각화는 그 목표가 이루어지도록 당신을 움직인다. 이렇게 해서 우리가 보고 생각하는 대로 우리의 상황이 만들어지는 것이다. 당신의 마음이 그 이미지를 꼭 붙들고 있기 때문에 당신은 매일 그 이미지를 현실로 만들기 위해 필요한 일을 하게 된다. 당신은 마치 목표물을 향해 날아가는 열추적 미사일처럼 행동하게 될 것이다.

　더 중요한 사실은 시각화를 이용하여 건강을 증진시키고 스트레스를 해소할 수 있다는 점이다. 확언을 사용하여 건강을 증진시키는 것처럼, 시각화를 통해 건강이 향상되는 신체의 과정을 상상한다. 잠재의식은 잠에서 깬 직후 30분간, 그리고 잠들기 직전에 시각화에 가장 민감하다. 이때야말로 당신의 신체가 더 강해지고 부상이나 질병에서 회복되는 모습을 시각화하기에

가장 좋은 시간이다. 즉, 끝없는 에너지로 가득 찬 자신을 그려
보라. 스트레스가 많은 상황에서 침착하고 평화로움을 유지하
는 자신을 그려보기엔 최적의 시간이다.

시각화와 동시에 확언을 크게 소리 내어 말하면서 시각화한
이미지를 강화시킬 수 있다. 나는 건강에 대한 확언을 할 때 내
몸의 각각 다른 부분을 머릿속에 떠올리면서 스스로에게 그 부
분들이 얼마나 건강한지 확신시킨다. 이런 작업은 특히 자기 치
유에 매우 도움이 된다.

시각화는 또한 명상의 필수적인 과정이다. 시각화하기에 좋
은 시간은 명상을 한 직후이다. 명상과 시각화의 이 막강한 조
합은 정신에 강력한 영향을 미친다. 먼저 명상을 통해 정신을
또렷이 혹은 고요하게 만들고 몸을 이완시킨다. 다음으로 당신
이 원하는 결과를 시각화한다. 명상 후에 목표나 상황을 시각화
하면 시각화만 하는 것보다 더 강력한 효력이 있다.

허버트 벤슨 박사가 국외로 추방당한 티베트 승려들에 대한
연구를 하려고 인도의 북부를 찾았을 때 일이다. 그는 이 연구
여행을 통해 몸과 정신이 얼마나 강력하게 연결되어 있는지 깨
달았다. 벤슨 박사는 그 승려들이 고지대의 얼어붙는 듯한 매서
운 날씨 속에서 허리에만 달랑 옷을 걸치고도 따뜻하게 지낸다
는 사실을 목도했다. 열을 발하는 명상을 통해 이런 일이 가능했
던 것이다. 실제로 그들은 차갑게 젖은 얇은 이불을 따뜻한 몸으
로 말리기까지 했다. 승려들은 명상을 하여 정신을 고요하게 한

다음 불이나 열을 시각화하여 몸을 따뜻하게 했던 것이다.

벤슨 박사는 환자들에게 그 승려들이 사용했던 이 '두 단계 과정'을 가르치기 시작했다. "처음에는 '이완 반응'을 불러일으켜서 건강에 유익한 효과를 얻는다. 그 다음에 정신이 고요해지고 그 안에서 초점이 열리면 자신에게 의미 있는 결과를 시각화한다.…… 당신의 목표가 무엇이든 이 두 단계는 강력한 효과를 발휘해서 누구든지 '이완 반응'의 효과를 얻고 고요한 정신을 통해 생각과 행동을 원하는 방향으로 다시 설정할 수 있다(Benson, 2000, xi)."

호흡은 에너지의 원천

많은 고대 전통과 철학에 따르면 호흡은 생명력 그리고 내면의 모든 에너지의 원천과 연관되어 있다고 한다. 전 세계에 존재하는 많은 종류의 명상도 호흡과 연관이 있다. 중국의 명상법 중 하나인 태극권과 기공의 옛 대가들은 호흡을 조절하는 법을 익혔고, 호흡 조절로써 심장박동과 혈압 등 신체의 기능을 조절하는 방법을 알아냈다. 호흡을 통해 그들은 체내로 들어가는 에너지의 흐름을 조절할 수 있었다. 호흡을 모든 에너지의 근원이라고 믿었던 그들은 호흡이 육체적·정신적 건강을 좌우한다고 여겼다. 그들은 몸의 각 부분으로 에너지를 흐르게 하여 자기 치유를 위해 사용했다.

호흡은 우리의 건강과 활력에 매우 중요하다. 호흡하지 못하면 단지 몇 분밖에 살 수 없다. 호흡은 우리에게 에너지, 창조성, 동기 그리고 지혜를 준다. 스트레스를 받거나 화가 날 때 심호흡을 하라는 충고를 자주 듣지 않는가? 호흡은 정신과 몸을 차분히 가라앉힐 수 있는 좋은 방법이다.

7장에서 세포에 산소가 더 많이 공급될수록 신체의 에너지 레벨이 높아진다는 사실을 알려주었다. 올바른 호흡은 스트레스를 없애고 가슴 및 늑골 근육을 이완시킨다. 그리고 피로를 줄이고 체력을 증가시킨다. 호흡을 가볍게 생각해서는 안 된다. 명상의 대가들은 일생 동안 호흡을 연마했다. '의식적 호흡'으로 불리는 호흡에 대한 집중은 명상을 구성하는 중요한 요소로서 명상의 가장 기본적인 형식이라고 할 수 있다.

나쁜 호흡과 좋은 호흡

나는 스트레스 관리 세미나를 하면서 청중에게 '호흡을 어떻게 하는지 아십니까?'라고 묻곤 한다. 그러면 그들은 놀란 표정을 짓거나 웃음을 터뜨린다. 이처럼 대부분의 사람들은 자신이 제대로 호흡하지 않는다는 사실을 모른다. 그러나 실제 가능한 폐활량에도 한참 못 미치는 정도의 호흡을 하는 사람들이 대부분이다. 우리는 충분한 산소를 마시지 못하면 에너지를 제대로 낼 수 없고 자주 졸게 된다. 또한 스트레스를 받았을 때 참을성이 없어지면서 호흡을 더욱 얕아지게 한다. 이렇게 에너지를 빼앗기는 과정이 반복되는 것이다.

다음의 실험을 해보라. 서 있든 앉아 있든 누워 있든 등허리를 곧게 편다. 한 손은 배꼽 아래쪽에, 다른 손은 가슴 위에 올려놓은 다음 최대한 심호흡을 한다. 숨을 들이마시는 동안 어느 부분이 올라가는가? 가슴 쪽인가, 배 쪽인가? 만약 가슴 쪽이 더 올라간다면 당신은 배나 횡격막으로 숨을 쉬는 것이 아니다. 배가 팽창하고 가슴 쪽이 움직이지 않거나 약간 내려간다면 올바르게 호흡하고 있는 것이다.

또다시 심호흡을 하고 어깨를 주시하라. 숨을 쉬면서 어깨가 올라가면 제대로 호흡하는 게 아니다. 배나 횡격막으로 숨을 쉬면 어깨가 올라가지 않는다. 조금만 연습을 하면 쉽게 이 기술을 익힐 수 있다.

복식호흡을 하면 들이마시는 산소량이 많아지므로 몸속을 도는 산소량도 많아진다. 공기를 들이마시면서 아랫배와 늑골의 근육이 팽창하고 횡격막이 내려간다. 복부가 올라오면 실제로 배에 공기가 찬 것처럼 보인다. 숨을 내쉬면 횡격막이 위쪽으로 움직이고 배와 늑골은 안쪽으로 움직인다. 운동선수, 배우, 전문 연설가, 가수 중에는 현명하게도 복식호흡이나 횡격막 호흡을 배운 사람이 많다. 당신도 복식호흡을 해보고 스트레스가 감소되고 에너지를 재충전할 수 있는지 확인해보라.

호흡 연습

동양의 명상은 형식이 다양해도 대부분 올바른 호흡법을 가르친다. 종종 '3단계 호흡'으로 불리는 하타 요가Haitha Yoga의 호흡법은 여러 변형된 형태가 있다. 나는 이 호흡법을 처음 등록한 명상 수업에서 배웠는데, 그 후 오랫동안 수행하면서 놀라운 효과를 보았다. 명상 전에 마음과 정신을 편안히 할 수 있는 훌륭한 방법이다.

먼저 편안한 의자에 앉은 다음 눈을 감으라. 폐 속의 공기를 완전히 내쉬는 것이 첫 단계이다. 일단 폐 속의 공기를 빼고 8초에서 10초에 걸쳐 공기가 폐 속을 완전히 채울 때까지 천천히 숨을 들이마신다. 두 번째 단계에서는 숨을 1초에서 3초가량 멈춘다. 그 다음 세 번째 단계에서 다시 10초 동안 숨을 모두 완전히 내쉰다. 두세 번 정도 해보고 그 결과를 느껴보라. 이 연습을 나중에 너덧 번으로 늘려서 반복해보라. 진정한 평안함을 느끼게 될 것이다. 호흡 연습은 명상 전뿐만 아니라 집이든 직장이든 어디에서나 할 수 있다. 나는 스트레칭이나 운동 또는 명상 전에 항상, 그리고 급히 에너지가 필요할 때에도 이 호흡법을 자주 실천한다. 호흡법은 즉각적인 재충전 기법이라 할 수 있다.

호흡수 세기

명상을 시작하는 좋은 방법으로 호흡수 세기가 있다. 매우 간단해서 누구라도 할 수 있는 방법으로 조용한 장소와 편안한 의

자만 있으면 된다. 정신을 호흡에 집중함으로써 집중력을 키울 수 있다. 한 번에 하나씩 하는 버릇을 들이기에 매우 좋은 방법이다. 이 방법은 매우 쉬워 보이지만 산만하게 마련인 정신을 계속 집중하면서 호흡을 세기란 쉽지 않으므로 익숙해지려면 연습이 필요하다.

먼저 천천히 심호흡을 몇 번 하거나 앞에서 설명한 3단계 호흡을 하라. 그리고 눈을 감은 채 숨을 쉴 때마다 속으로 횟수를 세기 시작한다. 호흡을 세는 일에만 집중하고 다른 생각은 일절 하지 마라. 이것의 변형된 방법으로 5회나 10회 정도 일정한 횟수까지만 세고 다시 시작하는 방법도 있다. 또한 15분 동안 숨 쉰 횟수를 세는 것처럼 시간을 정해 횟수를 세는 방법도 있다.

대부분의 대가들은 코를 통해 호흡하라고 하지만 꼭 그렇게 하지 않아도 된다고 말하는 대가들도 있다. 어떤 스승들은 들이마시고 내쉴 때의 수를 각각 세라고 하고, 다른 스승들은 숨을 내쉴 때만 수를 세라고 한다. 각 방법을 시험해보고 자신에게 편한 방법을 선택하면 된다. 단, 숨을 들이마실 때와 내쉴 때의 간격을 항상 주의하라. 정신이 산만해지더라도 신경 쓰지 마라. 다시 정신을 가다듬고 조용히 부드럽게 호흡수를 세어보라. 이렇게 5분 내지 10분 동안의 호흡만으로 재충전이 된다는 사실에 놀랄 것이다. 다른 대안으로 내가 사용하는 방법은 배에 정신을 집중하고 숨을 쉬면서 배의 팽창과 수축을 세는 것이다. 초점의 대상이 다를 뿐 결과는 똑같다.

호흡수 세기 혹은 배에 초점 맞추기는 집에서든 직장에서든 조용한 비행기 안에서든, 시끄러운 방해 요소가 없는 곳이라면 몇 분이면 할 수 있다. 호흡수 세기와 3단계 호흡을 했다면 당신은 이미 명상을 시작한 셈이다.

깨달음에 이르는 3가지 방법

명상을 하는 데 최고의 유일한 방법이란 없다. 깨달음에 이르는 진정한 방법은 하나뿐이라고 말하는 이가 있다면 그를 멀리하라. 명상에는 말 그대로 수백 가지 방법이 있다. 당신에게 가장 맞고 효과가 좋은, 하나 혹은 두 개의 방법을 선택하라. 수업을 들으면서 특정한 한 가지 기법을 배울 수도 있다. 그 기법이 마음에 들지 않으면 다른 방법을 찾으라. 명상하는 게 즐겁고 명상 후에 편안하고 재충전된 느낌이 든다면 그것이 당신에게 맞는 방법이다. 명상하기 전보다 기분이 좋다면 올바르게 명상하고 있는 것이다.

명상을 하려면……

완전히 이완될 수 있는 편안한 자세로 앉는다. 의자에 앉는 경우 등받이가 곧고 바닥이 단단한 의자를 골라야 한다. 사무실에서 사용하는 책상 의자 정도면 좋은데, 앉았을 때 발이 바닥에 닿아야 한다. 맨바닥에 방석을 깔고 그 위에 앉아서 할 수도 있다. 먼저 편안한 자세에서 손을 허벅지에 얹어놓는다. 허리를 곧게 펴야 하지만 그 자세가 허리에 좋지 않다고 하는 사람들도 있는 만큼 어떤 자세가 가장 편안한지 알아내는 일은 당신의 몫이다.

두 눈을 감고, 온몸을 축 늘어뜨려라. 그러기 위해서 '점진적 이완 기법'이라 부르는 방법을 사용한다. 머리부터 시작해 다리로 내려가면서 천천히 모든 근육을 이완시킨다. 모든 근육의 긴장이 풀어지고 부드러워지는 장면을 시각화하라. 몸이 의자 속으로 푹 파묻히도록 놓아두라. 몸에 긴장이나 뻣뻣함이 남아 있는지 혹은 몸의 일부분이 불편한지 느껴보라. 그 긴장을 이완시키거나 몸의 자세를 바꾸어서 완전히 편안해지도록 집중하라. 그리고 3회에서 5회 복식호흡을 하여 몸을 완전히 이완시킨다.

이제 내가 개인적으로 사용하는 다른 종류의 명상을 살펴보자. 나뿐만 아니라 수백만 명이 효과를 본 방법이기도 하다.

이완 반응

허버트 벤슨 박사의 연구 결과에 따르면 명상의 효과를 얻기 위해서, 그리고 그가 '이완 반응'이라고 부르는 현상을 유도하려면 다음 네 가지 요소가 필요하다.

첫째로 명상하는 장소는 조용하고 방해 요소가 없어야 한다. 명상을 더 쉽게 하기 위해서이다. 둘째로 소리, 단어, 구절, 대상과 같은 자극을 끊임없이 사용해야 한다. 호흡에 집중해야 좋으며 반복되는 소리나 단어는 집중하도록 도와주기 때문이다. 셋째로 무저항의 자세여야 한다. 잡념은 자연스런 현상이므로 판단하려 들지 말고 그저 무시함으로써 초점으로 다시 돌아가야 한다. 넷째로 편안한 자세로 있어야 한다. 잠들 수도 있기 때문에 눕는 것보다 앉는 편이 더 낫지만 최대한 편안해야 한다 (Benson, 2000).

수년 동안 나는 이 방법을 수천 번이나 사용했는데, 이 방법이 명상할 때 가장 쉽고 유용하다고 생각한다. 나는 짧으면 5분에서 길면 30분까지 이 명상법을 사용했다. 기본적이고 간단하며 매번 좋은 효과를 낸다.

호흡에 집중하면서 숨을 내쉴 때마다 나는 보통 '하나'라고 말한다. 이 방법은 벤슨 박사가 집필한 저서의 1975년 초판에서 제안한 방법이다. '하나'라는 단어가 아니더라도 어떤 단어든 당신에게 의미 있는 단어로 바꾸면 된다. 가끔 나는 '건강하다' 또는 '아프지 않다'라는 단어를 사용하기도 한다. 이 방법은 확언으로서의 역할을 하면서 기운을 북돋우거나 통증을 완화시켜 준다. 가끔 촛불 혹은 꽃과 같은 자연의 일부, 아니면 집 주변의 호수와 같은 물리적 대상에 집중한다. 다른 대상들도 영적이고 종교적이거나 개인적인 의미를 지니고 있다면 역시 강력한 힘을 발휘한다. 다음은 벤슨 박사가 제안한 여섯 단계를 자세히 설명한 것이다.

1. 편안한 자세로 조용히 앉는다.

2. 두 눈을 감는다.

3. 발끝에서 시작해 머리 부분으로 차례로 올라오면서 모든 근육을 완전히 이완시킨다. 이완된 상태를 유지한다.

4. 코로 호흡한다. 호흡을 의식한다. 숨을 내쉬면서 속으로 '하나'라고 말한다. 예를 들면, 숨을 들이마시고 내쉬며 '하나', 들이마시고 내쉬며 '하나'……, 이런 식으로 말이다. 편하고 자연스럽게 호흡하라.

5. 10분에서 20분가량 지속한다. 시간 확인을 위해 눈을 떠도 좋지만 자명종은 사용하지 마라. 호흡이 끝나면 눈을 감고 있다가 다시 눈을 뜬 다음 몇 분간 조용히 앉아서 일어나지 마라.

6. 깊은 만족감을 얻는 데 성공했는지에 대해 연연해하지 마라. 수용적인 자세로서 자연스러운 속도로 이완이 일어나도록 놓아둔다. 잡념이 생겨도 무시하라. 그리고 그 생각에 대한 집착을 끊고 '하나'라고 반복하여 말하는 단계로 돌아온다. 어느 정도 연습하면 나중에는 별 노력 없이 이 반응이 나올 것이다. 하루에 한두 번씩 이 기법을 연습하라. 그러나 식사 후 두 시간 내에는 하지 말아야 한다. 소화 과정이 이완 반응을 이끌어내는 데 지장을 주기 때문이다(2000).

걷기 명상

걷기 명상 혹은 젠zen 걷기는 일석이조의 스트레스 특별 감소법이다. 육체적인 운동 효과뿐 아니라 동시에 명상을 통해 정신을 집중하고 정화하는 효과를 얻을 수 있기 때문이다. 육체적으로 활력을 얻으면서 정신적으로도 편안해지고 싶다면 이 방법을 권유한다. 이것은 수천 년간 이어져 내려온 방법이다. 나는 아침이나 저녁 시간에 애완견을 산책시킬 때 이 명상법을 사용하는데 나의 개가 멈추어 설 때 외에는 아무것도 명상을 방해하지 않는다.

가급적 공원이나 자연이 보이는 야외에서 걸을 만한 평화로운 장소를 찾아라. 그리고 평상시 속도로 주위를 의식하면서 걸어라. 다음으로 호흡, 몸의 움직임, 발걸음에 집중하라. 이렇게 몇 분간 걸은 후에는 발걸음의 리듬을 호흡에 맞추라. 걸음 속도와 호흡의 깊이에 따라 리듬은 천차만별일 것이다. 일단 리듬을 맞추기 시작했으면 속도를 일정하게 유지하고 이에 집중한다. 숨을 한 번 들이마시거나 내쉴 때마다 두세 걸음씩 천천히 걸을 수도 있고, 혹은 여섯 걸음씩 빠르게 걸을 수도 있다. 이 명상법은 활기를 불어넣는 데 탁월한 효과가 있다. 걸으면 심장혈관계가 튼튼해질 뿐만 아니라 동시에 정신도 맑아진다. 초점을 포착하는 능력, 집중력, 창의력도 향상된다.

치유의 빛

이 방법은 내가 아프거나 통증을 느낄 때 사용하는 방법이다. 두 부분으로 나누어진 이 명상법은 벤슨 박사가 연구한 티베트 승려들의 수행 방법이다. 부차적인 초점이 치유의 빛에 맞춰진다. 평소와 마찬가지로 자리에 앉아 편안하게 몸을 이완시키고 올바르게 호흡하는 것부터 시작한다. 벤슨 박사의 방법이나 자신에게 가장 맞는 방법을 사용하여 명상을 시작한다.

깊은 이완 상태에 들어가면 상상력을 동원하여 하늘에서부터 밝은 하얀 빛이 당신을 비추는 장면을 시각화한다. 이 빛은 세상의 모든 긍정적인 것을 내포하며 병과 고통을 낫게 해주는 힘이 있다. 당신이 종교적인 사람이라면 그 빛이 신에게서 온다고 생각하라. 긍정적인 에너지를 가진 이 빛이 병이나 통증이 있는 부위를 비추게 하라. 스트레스를 없애고 당신이 살면서 지니고 있을지도 모르는 다른 부정적인 감정을 없애는 그 빛의 능력에 주시하라. 그 빛이 치유가 필요한 부위를 치유하는 장면을 머릿속에 그려라. 아픈 부위가 낫거나 통증이 없어지는 장면을 시각화하라. 그 빛이 당신의 몸속에 들어와 깊은 곳에 머무르며 당신을 치유하고 회복시키는 것을 상상하라. 이렇게 명상을 한 후에는 긍정적인 사고와 감정, 치유를 위해 이 시각적 이미지를 손쉽게 떠올릴 수 있을 것이다.

명상이 진정으로 무엇인지 그리고 당신에게 어떤 도움을 줄 수 있는지를 겨우 몇 페이지로 설명하기엔 무리가 있다. 여기서는 수박 겉핥기식의 설명도 못한 셈이므로 명상의 의미를 이해하고 그 효과를 체험하기 위해서는 연습을 하는 수밖에 없다. 명상 연습에 매진해야만 명상이 스트레스를 없애고 행복감을 키우고 평화를 가져다주며 인생을 바꿀 수 있다는 사실을 깨달을 수 있다. 그때서야 당신 이전에 명상을 한 수백만 명의 사람들이 무엇을 깨달았는지를 알게 될 것이다. 이 책에서는 멋지고 의미 있는 여행을 위한 출발점을 제시했을 뿐이다. 그 여행 역시 첫걸음부터 시작된다. 지금 바로 그 첫걸음을 떼라. 다음 장에서는 동적 명상을 포함한 스트레스를 푸는 다섯 가지 방법에 대해 살펴볼 것이다.

09 또 다른 스트레스 해소법

이제 스트레스를 통제하는 다섯 가지의 정신적·육체적 운동을 소개한다. 이 운동들에는 고유의 방식과 철학이 있고 각각 장단점이 있기 때문에 서로를 보완해 준다. 그러나 이 운동들의 공통점은 몸, 정신, 영혼을 하나로 통합하여 더 활력 있고 건강하며 스트레스가 적은 인생을 살게 해 준다는 점이다.

마음을 열고 이 장을 읽어보라. 당신은 이 장을 끝내자마자 더 많은 정보를 검색하거나 비디오 자료를 보거나 강의를 들으면서 당신을 매료시키는 가르침과 깨달음, 그리고 치유의 길로 들어서게 될 것이다.

스트레칭

롭은 케이블 설치 사업을 하는 회사의 현장 감독이다. 그는 팀원들의 일을 감독하느라 날씨가 좋으나 궂으나 밖에 나가 하루 종일 서서 일하다시피 한다. 혹여 팀원들이 채굴 작업을 잘못 하면 전기, 전화, 수도 및 가스 라인들이 끊어지기 때문에 그는 스트레스가 심할 수밖에 없다. 롭은 수년간 허리가 뻣뻣하고 아픈 증세가 있었는데 50대에 들어서면서 통증이 더욱 심해졌다. 그는 하루 종일 통증을 달래기 위해 계속해서 아스피린을 입속에 털어 넣었다. 퇴근 후에는 힘이 다 빠진 채 집에 돌아가 저녁 식사 시간을 제외하고는 누워서 지냈다. 통증이 너무 심해지자 그는 월급이 잘 나오는 현재의 직장을 그만두고 다른 일을 찾아봐야겠다는 생각까지 하게 되었다.

롭은 신경정신과에 찾아가 엑스레이와 컴퓨터 단층촬영을 받아보았지만 통증을 일으킬 만한 아무런 육체적 이상도 발견할 수 없었다. 의사는 그를 물리치료사에게 보내 스트레칭과 허리 강화하는 법을 배우게 했다. 그리고 며칠 후 그는 즉시 그 효과를 느끼기 시작했다. 허리가 이완되기 시작하였고 통증도 사라졌다. 롭은 하루 종일 서서 일하는 직업과 스트레스가 문제를 야기했음을 깨달았다. 이제 그는 매일 아침마다 뜨거운 물에 샤워를 하고 허리를 스트레칭한 다음 물리치료사가 성의껏 가르쳐준 체조를 연습한다. 또한 출근해서도 트럭 뒤에 매트를 놓아두었다가 허리가 뻣뻣해지고 통증이 시작되면 그 매트 위에서 스트레칭을 한다. 처음에 롭의 팀원들은 그를 놀려댔지만 곧 그의 태도가 편안해졌음을 느꼈다. 모든 이에게 유익한 결과를 준 셈이다. 롭은 이 스트레칭 요법 덕분에 살맛 나는 인생을 살게 되었다.

스트레칭은 통증과 고통을 해소하는 데 효과적인 해결책이다. 운동을 시작하는 사람들은 유산소 운동이나 근력 운동에 대부분의 노력을 투자한다. 그러나 운동 시에 간과되는 것이 있는데, 바로 스트레칭이다. 스트레칭은 건강한 몸과 스트레스 없는 생활을 유지하는 데 절대적으로 필요한 운동이다.

스트레칭의 긍정적인 효과

스트레칭의 이로움은 다양하다. 우선 스트레칭을 하면 동작의 범위가 넓어지면서 움직임이 원활해지기 때문에 유연성을 향상시킨다. 동작의 범위가 넓으면 운동할 때 부상을 입을 위험이 적다.

스트레칭을 하면 인대와 힘줄이 강해지고 관절이 더 튼튼해지면서 효율적으로 움직인다. 또한 근육, 관절 및 결합 조직에 혈액이 원활하게 공급된다. 근육은 스트레스를 받으면 뻣뻣해진다. 하루 종일 앉아 있거나 서 있으면 허리 근육이 결리고 뻣뻣해져서 통증과 불편함을 종종 유발한다. 스트레칭은 스트레스 및 몸의 긴장을 해소함으로써 뻣뻣해진 근육을 풀어주는 효과가 있다. 실제로 스트레칭 후에는 걷는 자세가 더 곧아진다. 그리고 기분도 더 좋아지는데, 이것이 바로 스트레칭이 정신 건강에 미치는 긍정적인 효과이다.

스트레칭에는 장소가 따로 없다

스트레칭은 일부 동작에 필요한 매트 외에는 특별한 장비가 필요 없다는 것이 장점이다. 나는 집에서 허리와 대퇴근을 스트레칭할 때 매트를 깔아놓고 한다. 스트레칭은 집, 직장, 비행기 안 등 어디에서든 할 수 있다. 스트레칭은 자리에 앉아서 혹은 서서 하는 동작들이 대부분이며, 시간이 많이 걸리지도 않으므로 일을 방해하지도 않는다. 사무실에서 일한다면 하루 중 자유 시간이 얼마나 되는지 생각해보자. 팩스를 보내거나 받을 때, 혹은 다운로드, 프린트, 복사 등을 할 때 자리에서 일어나 스트레칭을 해보라. 점심 식사 전이나 휴식 시간에도 할 수 있다. 다른 사람들이 당신이 스트레칭을 하는 것을 보고 무엇 하느냐고 묻거나 함께 따라할 수도 있다.

나는 공항의 마일리지 승객 라운지에서도 스트레칭을 한다. 라운지의 안내원들은 대부분 나를 알고 있고 내가 스트레칭을 하리라는 것도 이미 안다. 물론 다른 승객들로부터 이상한 눈초리를 받긴 하지만 그들은 대부분 근육이 뻣뻣한 긴장한 사람들이다. 내가 근육을 풀고 있는 동안 그들은 술이나 커피를 마시면서 몸에 스트레스를 더하고 있다. 그들이 나를 쏘아본다고 해도 신경 쓰지 않는다. 어차피 다시 볼 일도 없을 테니까. 흥미롭게도 내가 무엇을 하고 있는지 물어보는 사람들이 꼭 한 명씩은 있었고 몇몇은 나와 함께 스트레칭을 하기도 했다.

만약 자주 전화할 일이 있다면 헤드세트를 쓰라. 나는 통화를 자주 하는 편인데 헤드세트를 쓰고 나서는 목과 어깨가 뻣뻣해지는 것을 막을 수 있었다. 또한 헤드세트를 쓰면 통화 중에 일어서서 스트레칭을 할 수 있다는 장점도 있다. 서서 움직이면서 내는 목소리는 밝고 힘이 들어가 있다. 이런 목소리는 영업직이나 고객 지원 분야에서 일하는 사람들에게 커다란 경쟁력이 된다.

스트레칭을 하기 전에 준비 운동을 할 필요는 없다. 대신 각 스트레칭 동작 전에 5초에서 10초간 더 가벼운 스트레칭을 해주면 된다. 다시 한 번 강조하지만 근무 중 짧은 시간이라도 내어 스트레칭을 하라. 근육이 뻣뻣해지거나 아파오면 일을 잠깐 멈추고 스트레칭 몇 동작을 한다. 한 시간이나 한 시간 반마다 일어나서 스트레칭하는 것을 꺼리지 마라. 스트레칭은 흐려진 정신을 깨워서 당신을 더 생산적으로 만들 것이다. 장거리 운전을 해야 하는 경우에도 스트레칭을 함으로써 운전 중에 눈꺼풀이 무거워지는 것을 막을 수 있다. 나는 연설을 하기 위해 먼 거리를 운전하는 경우 식당이나 화장실에 들를 때마다 항상 5분간 스트레칭한다.

간단한 스트레칭으로 심장혈관계의 내구성이 향상되지는 않는다. 스트레칭은 우람한 근육을 만들어주지도, 체력을 쑥쑥 키워주지도, 체중을 줄여주지도 않는다. 그러한 효과를 원한다면 웨이트 트레이닝이나 유산소 운동을 해야 한다. 그러나 스트레칭은 근육을 늘여줌으로써 스트레스를 받을 때 근육이 긴장되고 짧아지는 현상을 완벽하게 막는다. 또한 활력이 생기고 에너지를 재충전하는 효과를 통해 정신을 고요하게 할 수 있다.

몇 가지 주의할 점

다음 내용은 7장에서 언급한 일부 내용과 중복되지만 반복할 만한 충분한 가치가 있는 사항들이다. 스트레칭을 막 시작했을 때는 가볍게 하는 것이 좋다. 몸에 반동을 주지 말고 부드럽게 스트레칭하라. 스트레칭을 하기 전에 숨을 들이마시고 스트레칭을 하면서 내쉬어라. 두 눈을 감고 시각화를 사용하라. 근육과 스트레칭 되는 부위에 초점을 맞추고 의식하면서 스트레칭하라. 즉, 지금 하고 있는 그 동작 외에는 아무것도 생각하지 마라. 근육이 스트레칭되어 이완되는 모습을 시각화하라. 하루에 적어도 한 번 이상 스트레칭하는 버릇을 들여라. 수백 가지의 동작이 있으므로 스트레칭과 관련한 책들을 참조하도록 한다.

필라테스

최근 스포츠 시장을 강타한 유행 중 하나는 필라테스에 기반을 둔 운동이다. 새로운 기법처럼 보이긴 하지만 필라테스의 역사는 90년이나 된다. 그 시작은 1900년대 초반, 독일에서 요제프 필라테스가 운동 체계를 만든 때로 거슬러 올라간다. 그는 10대 때부터 구루병 등의 병을 앓아 몸이 약해지자 근력을 키우고 질병에 대한 면역력을 길러주는 운동을 개발하게 되었다. 후에 필라테스는 지구력, 근력, 유연성을 향상시키기 위해 도르래와 용수철의 원리를 이용한 필라테스 기구를 제작하기 시작했다.

필라테스는 다른 사람들보다 훨씬 전에 몸과 정신의 연관성을 이해한 사람이다. 그는 정신이 몸과 그 활동을 지배한다고 믿었다. 필라테스는 1926년 미국으로 건너와 자신의 철학과 기법을 바탕으로 뉴욕에 스튜디오를 열었는데, 특히 발레 무용가들에게 큰 호응을 얻었다. 필라테스의 추종자가 된 조지 발란신*은 부상 당한 무용수들의 체력 회복을 필라테스에게 부탁하기도 했다.

필라테스의 효과

필라테스의 기본 철학은 균형을 잃은 몸을 운동을 통해 평형 상태로 되돌려놓을 수 있다는 것이다. 필라테스는 몸을 스트레칭하고 강하게 하는 특정한 동작들로 구성되어 있다. 필라테스의 여러 동작들은 허리, 배, 대퇴근과 같이 약하고 잘 쓰지 않은

* George Balanchine : 그루지야 출신의 추상 발레 안무가

근육들을 대상으로 한다. 기본 동작은 바닥의 매트 위에서 하고, 고난이도의 동작들은 근력을 키우기 위해 기구를 사용한다. 동작은 한 번에 한 근육씩 초점을 맞추어 천천히 실시한다.

이 기법은 호흡, 시각화, 그리고 몸과 정신의 연계성에 중점을 둔다. 또한 육체적 건강뿐만 아니라 정신적인 면도 매우 중요시한다. 명상적인 상태를 만들기 위해 정신을 사용한다. 그 결과 필라테스 후에는 스트레스, 화, 우울 등이 해소된다. 근육을 스트레칭하고 강하게 만드는 것과 더불어 필라테스는 균형과 바른 자세를 찾는 데 매우 도움이 된다.

필라테스 동작은 특정한 호흡법을 필요로 한다. 각 동작마다 정확하게 호흡하는 것이 매우 중요하다. 최대한 깊게 숨을 들이마시고 내뱉는다. 필라테스는 심호흡을 통해 폐활량과 세포로 가는 산소량을 늘려주고 몸에 에너지를 불어넣는 운동이다.

태극권

태극권은 중국의 도교에 바탕을 둔 고대 운동의 한 형태이다. 태극권은 원래 무술에서 출발하였는데, 그 기원은 1500년에서 2000년을 거슬러 올라간다. 도교 및 불교의 승려들은 운동 겸 호신술로써 태극권을 수련하였다. 이것은 또한 기공과도 긴밀한 연관성이 있다.

'태太'는 '크다'는 의미를 가지고, '극極' 또는 '기氣'는 생명 에너지, 즉 '활력' 또는 우리 안의 '생명력'을 의미한다. 기는 모든 살아 있는 유기체 안을 돌아다니는 것으로 종종 우주 에너지로도 불린다. 중국뿐만 아니라 아시아의 여러 나라에서 기의 개념은 널리 인식되어 있고 당연하게 받아들여진다. 태극권을 수련하면 크고 특별한 생명력 또는 에너지가 우리 몸속에 존재한다는 것을 알 수 있다.

고대 동양의학은 사람의 정신과 몸이 서로 분리되지 않는다고 보았다. 중국 의술은 몸 안에 기의 흐름이 막힐 때 아프고 병을 앓는다고 가르친다. 스트레스를 받으면 에너지, 즉 생명력의 흐름이 막힌다. 이렇게 막힌 에너지의 흐름을 트는 운동이 바로 태극권이다.

'동적 명상'

기가 실제로 몸 안에 있는지 알고 싶다면 적어도 한번은 태극권이나 기공을 통해 직접 경험해보기 바란다. 내가 그랬던 것처럼 일단 기의 힘을 느끼고 나면 왜 동양권에서 많은 사람들이 태극권을 수련하는지 이해하게 될 것이다. 더 나아가 당신 역시 태극권을 배워서 정기적으로 수련하고 싶어질지도 모른다. 태극권이 왜 뛰어난 스트레스 해소책이 될 수 있는지 알아보자.

태극권은 종종 '동적 명상'이라고 불리며, 마치 무술이나 쿵푸를 느린 동작으로 하는 것처럼 보인다. 주기적인 심호흡과 함께 일정한 동작을 연속적으로 느리게 하는데, 몸이 이완되면서 화, 긴장, 불안, 두려움을 날려 보낸다. 몸을 움직이면서 철저하게 움직임과 호흡에만 정신의 초점을 맞춘다. 이 집중을 통해 정신이 맑아지므로 그만큼 몸 역시 차분해지고 재충전된다.

세계 인구의 약 25%가 태극권을 수련하는 것으로 추정된다. 태극권의 인기가 높아지는 이유는 스트레스 감소 효과를 가져다주므로 수련 후에 편안해지기 때문이다. 태극권을 하는 사람들은 태극권이 지금껏 한 운동 중에서 최고라고 주장하며, 배우기도 쉽고 거의 모든 사람들이 할 수 있는 운동이라고 말한다. 휠체어를 사용하는 사람이라도 신체 조건에 따라 태극권을 할 수 있다. 노인들에게도 권할 만한데, 물 흐르는 듯한 동작으로만 이루어졌기 때문에 몸에 충격을 주지 않는다. 가장 좋은 점은 직장에서 점심 식사 전에 혹은 휴식 시간에 스트레스를 없애고 에너지를 재충전하기 위해 할 수 있다는 점이다.

태극권의 효과

태극권을 하면 마치 압력 밸브를 열고 그동안 쌓인 스트레스를 모두 내보내는 것 같은 느낌을 받는다. 느린 동작들은 깊은 휴식을 취한 듯한 느낌을 자아낸다. 에너지, 즉 기가 몸 전체를 돌면서 더 큰 내적인 힘과 고요함을 준다. 태극권을 통해 하루를 상쾌하고 활력 있게 시작할 에너지와 동기를 얻을 수 있다.

태극권의 우아한 동작들은 '식式'이라고 부르는 연속된 특정한 형식으로 나누어져 있다. 식은 매번 똑같은 순서대로 진행된다. 기립 자세에서 움직이기 때문에 몸통 근육 전체를 골고루 사용하게 된다. 그럼으로써 몸 안에 더 많은 피를 순환시켜 심장과 순환계를 향상시키는 것이다. 동작 중에 복식호흡을 하기 때문에 폐활량과 폐기능이 좋아져서 더 많은 산소가 세포에 공급된다.

태극권은 근골격의 힘과 유연성을 향상시킨다. 인대와 힘줄이 강화되어 관절의 동작 범위가 최대화된다. 태극권을 통해 관절이 강화되고 유연성이 높아지므로 관절을 부드럽게 유지할 수 있다. 많은 수련자들은 태극권이 골다공증을 예방한다고 말하며, 관절염을 앓는 경우에도 이를 악화시키지 않으면서 할 수 있는 운동이라고 한다. 또한 균형 감각을 향상시키는 데 매우 좋기 때문에 넘어져서 다치는 경우를 예방할 수 있다. 이런 이유로 특히 노인들이 태극권을 좋아하지만 모든 연령대의 사람들에게 유익한 운동이라 할 수 있다.

기공

해리는 한 통신 회사의 상무이다. 직업상 그는 언론 매체와 시 공무원 및 정부 관리들을 종종 상대해야 한다. 그 결과 하루도 빠짐없이 24시간 내내 대기 상태로 지낸다. 서비스가 불통이라도 되면 그는 해명을 바라는 언론 매체 관계자들의 끈덕진 요구에 시달린다. 그들은 무엇이 잘못된 것인지, 언제 서비스가 재개될 것인지 알고 싶어 한다. 때때로 한밤중에 불려나가 문제를 해결해야 하는 경우도 있다. 그러한 현실은 그의 가정생활마저 위협했다.

해리의 경우 끊임없는 전화와 스트레스뿐만 아니라 퇴근하여 집에 있을 때조차도 시달림을 받았기 때문에 2장에서 설명한 탈진의 전형적인 증상이 나타났다. 그는 목 경련, 두통, 견갑골 사이의 통증, 요통 그리고 무릎이 쑤시는 증상을 보였다. 또 심장이 심하게 두근거리기 시작했고 만성피로에 시달리며 피폐해지고 있었다.

그러던 와중에 그는 정치가와 로비스트들을 만나러 비행기를 타고 가다가 기공에 대한 잡지 기사를 읽게 되었다. 문득 한 중국계 이웃이 뒷마당에서 기공을 수련하던 모습이 떠올랐다. 그는 기공이 동작도 이상하고 이론도 괴상하다고 생각했다. 그러나 그는 기공을 수련하던 이웃이 미항공우주국NASA의 엔지니어라는 스트레스 많은 직업임에도 지금껏 만난 사람 중에서 가장 침착하고 느긋한 성격의 소유자라는 것을 알고 있었다.

며칠 뒤 해리는 자기네 동네의 체육 센터에서 기공 수업을 열고 있다는 사실을 알아냈다. 결국 그가 그 수업에 등록한 일은 일생을 바꾸어놓은 중요한 경험이 되었다. 그는 호흡하고 명상하며 움직이고 몸을 치유하는 방법을 배웠다. 기공은 그의 육체적·감정적 상태에 완벽한 치료법이 되었다. 모든 통증이 경감되고 심장박동수는 정상으로 돌아오면서 몸의 기운이 회복된 것이다. 해리는 중요한 위기에서 초점을 잃지 않고 자신을 통제하는 동시에 위기가 닥쳤을 때 두려움이나 분노로 대응하지 않는 법을 배웠다. 그는 스트레스와 심리적인 압박에 대처할 수 있을 뿐만 아니라 탈진으로 가는 위험한 길에서도 벗어났다. 그는 이제 6년 남은 은퇴 기간까지 성공적인 직장 생활을 해낼 수 있으리라고 자신한다.

기공氣功은 지금으로부터 3000년을 거슬러 올라간 때부터 시작되었다. '공功'이란 '단련하다'라는 뜻이므로 '기공'은 몸속의 에너지를 단련한다는 의미이다. 기공은 고대 중국 의술의 네 기둥 중 하나인데 그 나머지는 지압, 침, 약초학이다. 기공은 중국에서 매일 수백만 명이 수련하는 운동이다. 기공에는 막힌 에너지의 흐름을 뚫어서 자신을 치유하는 강력한 능력이 있는 것으로 알려져 있다.

중국의 전통 의학자들 대부분은 기공이 태극권의 기본이라고 믿는데, 태극권의 많은 동작이 기공과 비슷하기 때문이다. 그러나 기공 동작들 중에는 태극권에서 찾을 수 없는 동작들도 많다. 태극권은 기립 자세에서 끊임없이 움직이는 명상인 반면, 기공은 서서, 앉아서, 또는 누워서 할 수 있는 동작까지 포함한다. 기공 동작은 보통 태극권보다 더 느리고, 명상 자세에 더 가깝다고 볼 수 있다.

기공 역시 태극권과 마찬가지로 움직임, 호흡, 정신 집중 및 심상의 상호 연관성을 강조한다. 그리고 명상의 형식이기 때문에 8장에서 설명한 것과 같은 육체적·정신적·영적 반응을 유발한다. 기공을 통해서 신경계 전체에 긍정적인 영향을 미치는 뇌 화학반응이 일어난다는 사실은 이미 잘 알려져 있다. 기공은 몸속을 정화하고 노폐물을 제거하는 데 도움을 준다. 면역계에 면역 세포의 양을 증가시켜 치료 기간을 단축시킨다는 사실도 증명되었다. 중국의 병원에서는 암 환자들에게 방사선 요법과 화학 요법 같은 일반 암 치료법 외에도 기공을 수련하도록 권장한다. 현재 미국의 의사들과 국립보건연구소는 기공과 태극권이 건강에 미치는 혜택에 대하여 진지하게 연구하고 있다.

기공에는 1000개가 넘는 동작이 있는데 하나같이 몸, 정신, 영혼의 건강을 목적으로 만들어졌다. 복식호흡 동작들은 몸과 마음을 열어 기의 강력한 흐름을 받아들이도록 한다. 또한 몸을 늘이는 다른 동작들은 체내 기관을 깨끗이 하여 기가 순환하도록 한다. 모든 기공 수련자들은 기공이 정신과 영혼에 평화와 조화를 가져다주는 동시에 건강하고 활력 있는 신체를 만들어준다고 입을 모은다.

기공은 한번 배워두면 어디에서든 할 수 있다는 장점이 있다. 필요한 것이라고는 일어서서 몸을 움직일 수 있을 만한 공간뿐이다. 앞서 언급한 다른 스트레스 해소법과 같이 기공 역시 직장에서 점심시간 전이나 휴식 시간에 하기 안성맞춤이다. 10분이면 기공의 여러 자세와 동작을 할 수 있다. 그리고 기공을 배우기 위해 꼭 수업을 들어야 하는 것도 아니다. 나는 집에서 비디오를 보면서 기공의 전체 동작을 배웠는데, 동작을 정확히 따라하는 데 도움이 되었다.

요가

로빈은 샌디에이고에 위치한 고급 레스토랑의 요리사이다. 그녀가 일하는 환경은 꽤 스트레스가 많은 편인데, 40대에 들어서면서 왼쪽 엉덩이에서 왼쪽 다리로 번지는 통증이 나타나기 시작했다. 그때까지 심하게 앓아본 적이 없었던 그녀는 건강에 주의를 기울이는 편이 아니었고, 웬만한 불편함 정도는 감수할 만한 체력이었다. 그러나 점점 통증이 심해지고 가시질 않기에 마침내 병원을 찾았다. 정형외과 전문의를 만나서 일련의 검사를 받아본 결과 좌골신경통이라는 진단이 나왔다. 의사는 그녀에게 가능한 한 서 있지 말라고 하면서 물리치료를 처방했다.

로빈은 이 상황을 참을 수가 없었다. 일할 수도 없었고 통증 때문에 5분 이상 서 있을 수도 없을 지경이었다. 그녀는 물리치료사에게서 스트레칭 동작을 배우기 시작했는데, 물리치료사는 통증을 일으키는 결정적인 원인이 스트레스라고 하면서 그녀의

근육이 너무나 굳었기 때문에 이를 이완시키기 위해 무언가를
해야 한다고 조언해주었다.

그러던 중 요가를 배우고 있던 한 친구가 로빈에게 요가를 권
했다. 로빈의 직업이 스트레스를 많이 받는 분야이기 때문에 그
친구는 요가가 그녀에게 많은 도움이 되리라고 생각했다. 로빈
은 한번 시도해보기로 했다. 그리고 3개월 후 그녀는 마치 새로
운 사람으로 태어난 것 같았다. 요가를 하고 나서는 진정한 평
화로움과 새로운 에너지를 얻었고, 좌골신경통으로 인한 통증
은 완전히 사라졌다. 로빈은 요가를 통해 자신의 직장도 지키
고, 인생을 다시 살 수 있는 기회도 얻은 셈이다.

요가는 아마도 모든 운동과 명상법 중에서 역사가 가장 오래
된 운동일 것이다. 요가는 힌두교에서 유래되었다. 인더스 강
계곡에서 발견된, 기원전 3000년경의 것으로 추정되는 요가를
하는 사람들의 모습을 묘사한 그림들이 그 최초의 흔적이다. 요
가는 '합일' 또는 '결합'이라는 뜻인 산스크리트어 '유그yug'
혹은 '유이yui'에서 유래했다. 요가를 수련할 때 몸과 정신이 하
나로 합일되기 때문이다. 요가를 수련하는 사람은 '요기'라고
부른다. 더 정확하게 말하자면 남자 수련자는 '요기', 여자 수
련자는 '요기니'이다. 요가는 태극권 및 기공과 비슷한 점이 있
는데, 바로 우주적인 생명력 또는 활력의 원리에 바탕을 두고
있다는 점이다. 중국에서 '기'라고 부르는 것을 인도에서 '프라
나prana'라고 부르는 것만 다를 뿐이다. 〈요가 저널〉에 따르면

요가를 수련하는 미국인은 약 600만 명 정도라고 한다.

흔히 사람들은 요가 하면 몸을 꽈배기 과자처럼 이상하게 구부리는 운동 정도로 생각한다. 그래서 요가가 통증이나 접질림을 유발한다고 생각하는 사람들이 많다. 그러나 사실은 그와 정반대이다. 요가를 할 때는 부상을 입을 만큼의 힘이 들어가지 않는다. 자신의 몸이 할 수 있는 한도 내에서만 동작하기 때문이다. 요가를 시작하기 위해 몸이 완벽해야 되는 것도 아니다. 당신의 취향에 따라 요가는 느리고 부드러운 운동이 될 수도 있고, 한 단계 높여서 강도가 센 동작의 운동이 될 수도 있다. 요가는 정확한 체위, 올바른 호흡, 명상을 결합한 운동이다. 요가는 유연성을 높이고, 근육을 강화하며, 에너지와 전반적인 건강 상태를 향상시키도록 만들어져 있다. 요가를 통해 더 건강하고 만족스러운 인생을 살 수 있는 것이다.

요가는 종교적인 게 아니라 기술 훈련일 뿐이며, 특정한 생활 방식을 요구하지도 않고, 옷차림에도 제약이 없다. 그저 편안한 옷이면 충분하다.

요가의 효과

요가는 실천 행법에 따라 서로 연관되어 있으면서도 뚜렷이 구별되는 많은 유파로 나뉜다. 서양에도 많이 알려진 하타 요가는 운동, 스트레칭, 체위에 중점을 두면서 육체적인 건강뿐만 아니라 정신적인 차분함, 평화로움, 고요함을 얻고자 하는 방식이다. 영적 성장, 지혜, 사랑, 타인에 대한 봉사와 같은 영역에 초점을 맞추는 유파도 있는데, 모든 유파의 공통된 목적은 수련자를 깨달음으로 이끄는 것이다.

하타 요가의 이점은 그 효과가 직접적이고 지속적이라는 것이다. 운동을 통해 몸을 이완시키고 이완된 몸이 정신을 비우면서 고요히 만든다. 이와 더불어 호흡을 바르게 하고 초점을 맞추면 정신을 지배하고 내적인 평화와 조화를 이루게 된다. 몸과 정신, 그리고 영적인 면을 하나로 통합한다는 점에서 전인적이라 할 수 있다.

요가를 수련하는 이유는 저마다 모두 다르다. 스트레스 때문에 고민한다면 스트레스를 해소하고 에너지를 재충전해주는 요가 수련을 고려해보라. 일련의 요가 체위를 통해 근육이 스트레칭되고 강해질 것이다. 유연성도 예전의 수준을 되찾아 특히 나이 들면서 부상을 입을 수 있는 위험을 줄여준다. 요가는 자세를 교정해주므로 더 곧은 자세로 걷게 된다. 때문에 허리 근육을 부드럽게 만들어 허리 결림과 요통을 예방한다.

사람들은 폐활량 전체를 사용하지 않고 얕게 호흡하는 경향이 있다. 요가는 더 깊고, 느리고, 의식적인 호흡법을 통해 더 많은 공기를 들이마시도록 가르친다. 이렇게 해서 근육 세포에 더 많은 산소가 공급되면 근육의 기능도 더 좋아진다. 호흡에 초점을 맞추다 보면 정신적으로 그리고 육체적으로 몸이 어떤 상태인지 더 잘 느낄 수 있다. 요가는 에너지가 몸 안으로 들어

오도록 해준다. 요가를 하면 주위 환경에 대해 더 섬세한 의식을 갖게 되면서 감각이 강화된다. 요가를 수련하라. 더 많은 활기와 생동감을 느끼게 될 것이다.

결단하라

이 장에서는 스트레스 해소를 위한 다섯 가지 운동을 소개했다. 이 운동들은 각각 고유한 방식이 있지만 모두 비슷한 효과를 발휘한다. 건강을 위해 전인적인 접근 방식을 사용한다는 점도 공통점이다. 당신이 시간을 얼마나 할애할 수 있는지, 스트레스 정도가 어떤지를 생각하며 이 운동들을 고려해보라. 직장에서 스트레스를 받았을 때 어느 운동을 바로 실행할 수 있을지 생각해보라. 당신의 전체적인 건강 상태와 건강을 증진시키는 방법도 생각해보라. 어느 운동을 가장 즐겁고 장기적으로 꾸준히 할 수 있을지 결정하라. 무엇보다도 스트레스를 통제하기 위해 꾸준히 노력하고 시간을 투자하는 것이 가장 중요하다.

스트레스를 비켜가기 위한 50가지 방법

1. 휴식 시간을 가져라 2. 직장 내 갈등에 끼어들지 마라 3. 유언비어를 경계하라 4. 변화를 잘 다루는 방법을 모색하라 5. 자신에게 하는 말을 조심하라 6. '플러스마이너스' 분석을 활용하라 7. 일을 집으로 끌어들이지 마라 8. 집에서도 휴식 시간을 가져라 9. TV를 끄라 10. 행복일기를 적어나가라 11. 사소한 일에 힘 빼지 마라 12. 습관과 변화를 조화시켜라 13. 종합검진을 받아라 14. 잠을 충분히 자라 15. 화를 다스리는 법을 배우라 16. 긍정적인 사람들과 어울려라 17. 다른 사람들의 도움을 받아라 18. 많이 웃어라 19. 기도의 힘을 빌려라 20. 스트레스 일지를 써보라 21. 마음속 이야기를 글로 쓰라 22. 자신보다 어려운 처지에 있는 사람을 도와라 23. 무작위로 친절을 베풀라 24. 집 안을 정리 정돈하라 25. 목욕으로 스트레스를 날려라 26. 코도 운동시켜라 27. 마사지로 스트레스를 풀어라 28. 침술과 지압의 효과를 느껴보라 29. 고급 온천에서 푹 쉬어보라 30. 스크랩북을 만들라 31. 요리를 하라 32. 촛불을 켜놓고 낭만적인 저녁 식사를 하라 33. 가족의 뿌리를 찾아보라 34. 하루 동안 멀리 떠나라 35. 내 고장을 먼저 돌아보자 36. 새로운 활동을 모색하라 37. 건전한 취미 생활을 하라 38. 어딘가에 소속되어보라 39. 영혼을 위로하는 음악을 가까이하라 40. 책을 가까이하라 41. 정원을 손수 가꾸어라 42. 해돋이와 석양을 감상하라 43. 걷기, 공원 산책, 소풍, 사이클링, 하이킹을 하며 자연을 만끽하라 44. 때때로 쇼핑을 해보라 45. 콘서트, 박람회, 축제에 가라 46. 극장, 공연장, 박물관, 천문대에 가라 47. 애완동물을 곁에 두어라 48. 동물원에 가라 49. 손수 세차하라 50. 실전 계획을 짜라

1. 휴식 시간을 가져라　직장에서 쉬는 시간 없이 죽어라 일만 한다면 결국 소진된 나머지 탈진할 수도 있다. 직장에서 허용된 모든 휴식 시간을 반드시 찾아 써라. 자리에서 일어나 주위를 돌아다니면서 혈액이 순환되도록 하라. 만약 명상을 배우기 시작했다면 스트레스를 낮추기 위한 짧은 명상을 하라.

점심을 먹으면서 일을 하지 마라. 스트레칭, 운동 또는 명상은 음식을 먹기 전에 하라. 점심시간에는 가능하다면 책상이나 근무하는 자리에서 떠나 있으라. 주위 환경을 바꾸면 기분도 달라진다. 식사 공간이나 카페가 따로 있다면 다른 사람들과 함께 앉아서 유쾌하고 기분이 좋아지는 이야기를 나누라. 부정적으로 사고하는 사람들과는 가까이하지 마라. 책상에서 점심 식사를 하는 것이 더 좋고, 자신의 사무실이 따로 있다면 조명을 낮추고 부드러운 음악을 틀어놓으라.

2. 직장 내 갈등에 끼어들지 마라　인간은 정치적 동물이므로 직장은 정치적 동물원인 셈이다. 우정이나 협력 관계가 형성되고 서로 다른 사람을 편드느라 갈등도 종종 일어난다. 뿐만 아니라, 승진이나 권력을 위한 경쟁과 속임수가 자연스럽게 생기면서 사람들로부터 최악의 모습을 끌어낸다. 사소한 의견 불일치와 마찰이 큰 갈등과 싸움으로 번지는 경우도 심심치 않다.

그러나 이런 소동에서 가능한 한 멀리 떨어져 있으라. 그런 일로 받는 스트레스는 겪을 가치가 전혀 없다. 다만 언제 자신의 입장을 고수할지, 언제 자리를 지키기 위해 행동을 취해야 할지 분명히 알아야 한다. 이러한 상황을 피할 수 없다면 긍정적으로 지혜와 전술을 동원해 단호하게 맞서라.

3. 유언비어를 경계하라 직장마다 정보, 소문, 은밀한 암시 등을 퍼뜨리는, 보이지 않는 고유의 의사 전달 방식이 있다. 그 정보가 정확할 때도 있지만, 사실과 거짓을 구분할 수 없는 경우가 많다는 점이 문제이다. 공식적인 의사 전달 방식이 없는 곳에 소문이 나돌게 마련이며, 그 소문은 종종 정확하지 않거나 부정적이다. 사람들은 특히 자신들의 이해가 걸려 있으면 정보를 조작하는 경향이 있다. 안타깝게도 나쁜 소식일수록 빨리 퍼지는 법이고, 실제 상황보다 더 나쁘게 부풀려지면서 두려움, 분노, 스트레스를 낳는 경우가 허다하다.

풍문으로 들은 정보는 믿지 마라. 소문, 가십거리, 거짓된 정보들은 스트레스만 가중시킬 뿐이다. 유언비어는 생산성 저하의 주범 중 하나로, 현재의 업무에 집중하지 못하게 방해하며 과도한 걱정과 긴장을 유발한다. 진위를 알기 전까지 부정적인 소문 때문에 사기와 의욕을 잃지 않겠다고 자기 암시를 걸라.

4. 변화를 잘 다루는 방법을 모색하라 그리스 철학자인 헤라클레이토스는 '어떤 것도 변화를 거역할 수 없다'라고 말한 바 있다. 변화는 영속적이고 예측 불가능하며 피할 수 없다. 사람들은 변화를 잘 받아들이지 못하는 경향이 있다. 우리는 현 상태에 안주하기를 원하고 변화를 두려워한다. 직장에서 변화가 일어났을 때 이에 대처하는 방법에는 세 가지가 있다. 첫째는 변화에 저항하기, 둘째는 변화를 수용하고 그에 적응하기, 셋째는 새로운 직장이나 직업을 구하기이다. 변화에는 긍정적인 측면도 있어서 인생을 변화시키는 중요한 사건의 촉매가 되기도 한다.

변화에 대한 저항은 자연스러운 반응이다. 그러나 통제할 수 없는 변화라면 맞서 싸우지 마라. 에너지 낭비요, 시간 낭비일 뿐이다. 반면 변화를 수용하기로 했다면 미래의 상황에 대한 자신의 기대 또한 변화시켜야 한다. 그리고 바쁘게 움직이면서 정신을 똑바로 차리고 있어야 한다. 새로운 상황에 적응하기 위해서 정보를 수집하고 많은 사람들과 이야기를 나눌 필요가 있다. 두려워하지 말고 도움을 요청하라. 더 많이 알수록 변화에 잘 대처할 수 있다. 앞으로 겪을 변화에서 당신을 위한 긍정적인 기회가 존재하는지 찾아보라.

5. 자신에게 하는 말을 조심하라 우리의 사고 과정은 스트레스에 대응하는 방식에 결정적인 영향을 준다. 우리는 과거에 일어났거나 미래에 일어날 사건에 대해 끊임없이 생각한다. 동시에 그런 사건에 대해 판단하고 설명하면서 끝없이 속으로 자신과 대화를 나눈다. 우리는 대부분 끊임없이 주고받는 자신과의 대화를 잘 의식하지 못하지만, 자신과의 대화는 스트레스에 대한 반응과 스트레스를 느끼는 방식을 결정한다.

부정적인 생각을 조심하라. 당신의 말과 생각에서 부정적인 면을 솎아내라. 속으로 부정적인 말을 하고 있다는 사실을 깨달으면 그 즉시 멈춰라. 그 부정적인 생각이나 말을 긍정적으로 바꾸어 자신에게 다시 들려주라. 이 과정은 '재구성reframing'이라고 알려져 있는 방법이다. 즉, 사건에 대해 새로운 이야기를 쓰는 것이다. 사건이나 상황에서 긍정적인 면을 찾거나 적어도 덜 부정적으로 재구성한다. 약간만 연습하면 얼마나 쉽게 사고 과정을 변화시킬 수 있는지 깜짝 놀랄 것이다. 나중에는 슬그머니 들어오는 부정적인 생각도 차단할 수 있게 된다.

물론 행복한 생각과 긍정적인 자세를 항상 견지할 수 있는 사람은 없다. 만약 당신이 긍정적으로 사고할 수 없는 상태라면 일단 부정적인 생각을 멀리하고 중립적인 사고의 틀을 유지하려고 노력하라. 긍정적인 확언의 습관을 병행하여 이 과정을 강화시키면 스트레스에 잘 대처할 수 있다. '이 문제는 해결할 수 있어', '상황이 그렇게 나쁘진 않아', '결국에는 모든 것이 다 잘될 거야' 라고 자신에게 끊임없이 말하라.

6. '플러스마이너스 분석'을 활용하라   이 아이디어는 나의 세일즈 훈련 세미나에서 얻었다. 이 방법을 통해 세일즈맨은 잠재 고객과 마주한 자리에서 쉽게 거래를 따낼 수 있다. 현재 당신이 고객과 거래 상담을 하고 있다고 가정하자. 먼저 종이 중앙에 선을 그어 반으로 나눈다. 그리고 잠재 고객에게 제품을 사야 할 긍정적인 이유와 사지 말아야 할 부정적인 이유를 모두 적도록 부탁한다. 당신이 제품이 주는 혜택과 가치의 측면에서 고객을 설득했다면 긍정적인 이유가 항상 더 많을 것이다. 고객들은 이것을 보고 쉽게 구매 결정을 할 수 있다.

인생을 살다 보면 이런 종류의 분석이 필요한 상황에 처할 때가 많다. 특히 이 기술은 힘든 상황을 계속 참아야 할지를 결정할 때 도움이 된다. 예를 들어, 당신이 직장에서 매일 심한 스트레스를 받는 지경에 이르러서 탈진 직전이라면 그 직장을 계속 다니는 이점과 혜택을 전체적으로 재평가해야 한다. 지면을 반으로 갈라 이득과 손해 혹은 플러스와 마이너스 면으로 나누라. 마이너스가 플러스, 즉 이점을 훨씬 압도하면 직장이나 직업을 바꿀 때가 온 것인지도 모른다. 플러스마이너스 분석은 결정을 내리는 중요한 촉매가 될 수 있다.

7. 일을 집으로 끌어들이지 마라   일을 집까지 가져오는가? 집까지 들고 오는 서류가 없어도 머릿속이 일에 대한 생각으로 가득 찼다면 그것 역시 일을 집으로 끌어들이는 것이다. 가끔 집에서 일을 끝내는 것이 꽤

찮을 때도 있지만 계속해서 집에 일을 가지고 오면 당신과 가족에게 좋
지 않다. 머릿속이 일 생각으로 가득 차서 몸은 집에 있어도 다른 세상
에 있는 듯 밤새 일만 생각한다면 언제 스트레스를 풀 수 있겠는가? 일
생각에서 벗어나기 위한 짧은 명상을 하라.

8. 집에서도 휴식 시간을 가져라 집에 오면 아마도 해결해야 할 가족 문
제와 가사가 기다리고 있을 것이다. 이런 일들이 업무로 인한 스트레스
를 가중시키는 경우가 많다. 그러니 집 안으로 들어서자마자 긴장을 풀
기회를 만들라. 혼자서 잠시 쉴 시간이 필요하다고 가족에게 말하라. 앞
에서 설명한 많은 방법 중에서 하나를 골라 스트레스를 풀고 에너지를
재충전하라. 그러고 나면 가족 문제도 더 잘 해결할 수 있을 것이다. 잠
자기 전에 스트레스를 푸는 두 번째 시간을 가져라. 뜨거운 물로 목욕하
고 부드러운 음악을 들으며 좋은 책을 읽으면 쉽게 잠들 수 있을 것이다.

9. TV를 끄라 퇴근 후에 TV 앞에서 꾸벅꾸벅 졸며 시간을 축내는 사
람들이 정말 많다. 재충전을 위해서 TV 보는 시간을 줄여야 한다. 성공
적인 인생을 살기 위해서는 어떻게 해서든 시간을 짜내어 스트레스 풀
시간을 만들어야 한다. TV 보는 시간이 얼마나 되는지 일지를 적어보
라. 대부분은 충격을 받을 것이다. 이제 그 시간을 쉬거나 운동하거나
아이들과 함께 놀아주면서 즐겁게 보내는 데 사용하라.

　나는 TV를 거부하는 사람은 아니다. 그러나 TV 프로그램 중에는 당
신의 인생에 전혀 도움이 안 되는 생각 없는 쇼와 시트콤이 너무나 많
다. 24시간 내내 똑같은 뉴스를 계속해서 틀어주는 뉴스 채널도 많다.
그런 뉴스는 한 번 듣는 것으로 족하다. 대부분의 뉴스는 부정적이고,

드라마에는 폭력이 난무한다. 이런 프로그램은 스트레스를 줄이는 데 조금도 도움을 주지 않는다. TV를 보려면 교육적이거나 재미있으면서 피곤한 머리를 식힐 수 있는 프로그램을 보라. 무엇인가를 배울 수 있는 정보 채널이 좋다.

10. 행복일기를 적어나가라　하루가 얼마나 불쾌할지 혹은 불쾌했는지 생각하며 하루를 시작하고 끝내는 사람들이 많다. 당신도 여기에 해당하는가? 만약 그렇다면 인생을 보는 방식을 바꿀 필요가 있다. 인생은 장밋빛 창을 통해 보는 편이 확실히 더 낫다. 매일 아침, 또다시 얻은 하루에 대해 자신이 얼마나 복이 많은지 만끽하고 신께 감사 기도를 드려라. 인생의 긍정적인 측면에 초점을 맞추라. 모두 어떻게 생각하느냐에 달려 있다. 당신이 사랑하고 가치를 인정하는 모든 것들, 즉 친구, 가족, 건강과 재능에 감사하라. 인생의 부정적인 요소에 초점을 맞추거나 만사를 부정적으로 보면 당신의 인생관과 스트레스에 대처하는 방식도 부정적으로 될 수밖에 없다.

　인생의 모든 긍정적인 요소를 적어보라. 매일 그 목록을 보면서 하루를 시작하고 그 축복이 허락된 자신이 얼마나 행운아인지를 느껴보라. 행복일기를 적으면 어떨까? 매일 잠자리에 들기 전에 그날의 행복했던 모든 일들을 적어 내려간다. 행복은 거창할 필요가 없다. 내가 오늘 아침에 기분 좋게 즐긴 샤워도 하나의 행복이다.

11. 사소한 일에 힘 빼지 마라　많은 사람들은 사건이 터지면 위협적인 측면에만 초점을 맞추어서 그것을 스트레스로 만든다. 그들은 무슨 재난이라도 터진 듯 두려움에 떨면서 왜곡된 관점으로 사실을 바라본다. '그

건 이랬어야 한다'고 불평을 늘어놓는다. 그러나 매일 터지게 마련인 사사로운 일들을 침소봉대하여 상황을 어렵게 만들지 마라. 사건을 비뚜름히 바라보지 마라. 대개의 사건들은 당신이 상상하는 것처럼 나쁘지 않다. 어떤 일이 한 번 일어났다고 해서 그 일이 다시 일어나거나 항상 그런 식으로 되라는 법은 없다. 스트레스를 주는 작은 원인들에 너무 많은 에너지를 쏟으면 중요한 일을 위해 쓸 힘이 남아나지 않는다. 그러면 정말 피곤할 뿐이며 스트레스가 많은 상황에는 정작 대처할 수 없게 된다.

12. 습관과 변화를 조화시켜라 습관이란 알다시피 매번 일을 똑같은 방식으로 반복하는 것을 말한다. 습관은 익숙하고 편안한 느낌을 주기 때문에 지속적인 스트레스를 받을 때 도움이 된다. 매일 같은 시간에 일어나서 같은 식으로 출근 준비를 하면 시간을 아낄 수 있고 상황을 통제하고 있다는 느낌이 든다. 또한 일이 어떻게 풀릴지 예측할 수 있다. 잠자리에 들기 전에 내일 입을 옷과 준비물을 챙겨두면 잠도 더 푹 자게 되고 조금 더 늦게 일어나도 무방하다.

　습관의 이런 조직적인 면보다는 여러 방식을 섞는 재미를 선호하는 사람들이 있다. 그들은 매일 같은 방식으로 똑같은 일을 자동적으로 수행한다는 느낌을 싫어하기 때문에 다른 방법을 찾는다. 예를 들어, 자가용으로 출근하는 사람들은 지금까지 다녔던 길과는 다른 길로 출근하면서 가는 길에 위치한 새로운 커피숍에 들를 수도 있다. 걷기 운동을 하는 사람이라면 새로운 공원이나 산책로를 찾아서 색다른 기분을 느낄 수 있다. 습관과 변화 중 자신의 스트레스 예방에 더 효과적인 방식을 선택해서 실천하라. 나는 두 가지 방법을 조화시키는데, 생활을 덜 지루하게 만들기 위해 가끔 변화를 주는 편이다.

13. 종합검진을 받아라　앞에서 우리는 탈진과 스트레스의 모든 증상들을 살펴보았다. 그러나 이런 증상들은 너무 흔하게 나타나기 때문에 그 기저에 도사리고 있을지도 모르는 다른 심각한 질병의 증상을 놓칠 수도 있다. 예를 들어, 기진맥진한 상태나 입맛의 변화는 스트레스의 신호이기도 하지만 더 심각한 질병의 증상일 수도 있다. 병원에서 종합검진을 받으면 자각하지 못한 병이 심각해지기 전에 대처할 수 있다. 나는 매년 종합검진을 받을 때 각종 혈액 검사와 분석을 다 받고 모든 것이 정상인지 확인한다. 그러고 나면 마음이 편안해진다.

안타깝게도 증상이 만성적이고 심해졌을 때만 검사를 받는 바람에 치료의 적기를 놓치는 사람들이 많다. 남성은 특히 대장항문과에 가는 것을 질색하고, 여성은 산부인과 검사와 유선 촬영을 싫어한다. 무언가 잘못되었다는 생각이 들면 자신의 직감을 믿고 병원에 가라. '혹시' 하는 걱정은 들지만 확실한 결과를 몰라서 받는 스트레스를 피할 수 있다.

사람들은 제각각의 이유로 심리 치료가 필요한 상황에도 도움을 요청하지 않는다. 스트레스에서 오는 우울과 탈진은 고질적인 병으로 악화되기 전에 미리 조치해야 한다. 행동 방식과 스트레스 대처 방식에 부정적인 변화가 생기면 손을 써야 할 때이다. 식사와 음주 습관의 갑작스런 변화나 약물 복용은 도움이 필요하다는 명백한 표시이다.

14. 잠을 충분히 자라　대부분의 연구에 따르면 최고의 기량을 발휘하기 위해서는 밤에 7시간 내지 8시간 동안 자야 한다고 한다. 수면은 긴장을 풀고 재충전시키며 스트레스에 저항할 힘을 준다. 숙면을 원한다면 술, 카페인, 담배와 같은 각성 물질을 피해야 한다. 빨리 잠들기 위해 술을 두 잔 이상 마셨다면 한밤중에 정반대의 결과가 나올 것이다. 잠에서 너

무 일찍 깨어 다시 잠을 청하기 힘들 테니 말이다. 카페인은 커피에만 있는 것이 아니다. 차, 청량음료, 초콜릿에도 카페인이 함유되어 있다.

숙면하고 싶다면 늦어도 잠자기 3시간 전에는 과식하면 안 된다. 늦은 시간에 과식하면 소화기관에 부담을 주고 종종 매우 생생하면서도 불유쾌한 꿈 때문에 잠을 깰 수도 있다.

매우 이른 시간이 아니라면 낮잠을 삼가라. 낮잠은 숙면에 방해가 된다. 낮잠을 꼭 자야 한다면 30분 이하의 짧은 잠을 자라. 그 이상 자면 수면 사이클에 나쁜 영향을 준다. 또한 늦은 밤에는 격렬한 운동을 삼가야 하는데 그 이유는 세포에 산소가 많이 공급되면서 에너지를 재충전시켜 더 오래 깨어 있게 만들기 때문이다. 스트레스를 풀고 싶다면 이른 저녁에 가벼운 산책을 하라. 잠자는 데 도움이 될 것이다.

자기 직전에 하는 일은 수면의 질에 막대한 영향을 준다. 따라서 자기 전에는 심신을 차분하게 하고 긴장을 이완시키는 일을 하라. 책을 읽는다면 가볍고 명랑하고 재미있는 내용의 책을 고르라. 영화도 마찬가지이다. 잠자기 전에 콘서트를 보면 수면에 지장을 받을 수 있다. 머릿속에 계속 음악이 맴돌아 잠들기 힘들어지기 때문이다.

앞장에서 언급했듯이 명상은 잠자기 전에 정신을 고요하게 하는 훌륭한 방법이다. 이 시간에 하는 긍정적인 확언도 많은 도움이 된다. 졸음을 유도하기 위해 따뜻한 물에 목욕하는 것도 좋은 방법이다. 마지막으로 잠자기 전에 가족과의 갈등이나 언쟁은 피하라.

15. 화를 다스리는 법을 배우라 화는 특정한 상황과 사건에 대한 자연스런 반응이다. 화에는 긍정적인 측면도 있는데, 화가 나면 적극적이고 책임 있게 나설 동기가 생기기 때문이다. 안타깝게도 화를 제대로 표현

하는 법을 모르는 사람들이 많다. 이들은 화를 속으로 삭이면서 안에서 부글부글 끓게 만든다. 갑자기 분노가 폭발하거나 폭력적이 될까 봐 두려워하는 사람들도 있다. 또한 빨간 신호등에 정지하는 것같이 사소한 일 때문에 분노에 휩싸이곤 한다. 화는 당신의 전반적인 건강에 파괴적인 영향을 미친다. 화를 다스리지 못하면 직장에서 동료들과의 관계, 또는 집에서 사랑하는 가족과의 관계에 금이 간다. 많은 연구에 따르면 항상 화가 나 있는 사람들은 심장마비와 조기에 사망할 확률이 높다고 한다. 따라서 화를 올바르게 내는 법을 배워야 한다.

직장에서든 집에서든 화가 날 만한 갈등이 생겼을 때 그것을 해결하는 법을 배워야 한다. 화를 속으로 삭이거나 어려운 상황을 피하기만 하고 해결하지 않으면 더 많은 스트레스와 분개를 자처하는 셈이다. 다른 사람과의 사이에 의견 불일치 및 마찰이 생기면 대화로서 갈등을 풀고 반목, 적의, 스트레스가 계속 남아 있지 않도록 해야 한다.

이미 설명한 스트레스 대처법을 기억하는가? 화를 어느 정도 낼지, 또 얼마나 오랫동안 화를 품고 있을지는 당신만이 정할 수 있다. 긍정적인 내용의 자기 암시를 하면 화나는 상황에 더 잘 대처하고 화의 정도도 누그러뜨릴 수 있다. 스스로에게 '이 상황은 내 통제하에 있다' 또는 '화내지 않겠다'라고 말하라. 사건을 긍정적인 시각으로 재구성하라. 앞에서 알려준 심호흡 역시 화의 훌륭한 치료법이다. 일단 마음이 가라앉으면 냉철한 상황 파악이 가능하므로 문제를 해결할 수 있게 된다. 화는 당신의 이성적인 눈을 흐리게 하고 문제를 해결하는 데 방해만 된다는 사실을 기억하라.

16. 긍정적인 사람들과 어울려라　　'친구를 보면 그 사람을 알 수 있다'

는 말이 있다. 친구와 인간관계는 사회적 교류와 안정감의 원천이기 때문에 더없이 중요하므로 이를 위해 시간과 에너지를 투자해야 한다. 친밀한 우정을 원한다면 긍정적인 사람들과 어울려야 한다.

수년 전 아내와 나는 부정적으로 사고하는 몇몇 친구들과 어울린 적이 있다. 그들은 감정이 너무 메말라 있어서 함께 이야기를 나누고 나면 정신적으로 지쳐버릴 정도였다. 그들의 인생은 위기의 첩첩산중이었다. 그들은 잘못된 결정을 내리고는 그 결과에 제대로 대처하지도 못했으며 세상을 어두운 시각으로 보기 때문에 만사가 오점투성이였다. 계속해서 불평을 해댔으며 심지어 좋은 일까지도 부정적으로 바라보았다. 이들은 단점을 고치기 위한 노력도 하지 않았고 모르는 새에 우리까지 부정적인 생각으로 물들이려 했다.

그들과 함께 있으면 즐겁지 않았다. 우정에 아무런 긍정적인 영향을 주지 않는 사람들이었던 것이다. 정신 건강과 스트레스 방지를 위해 결국 그들과의 관계를 끝내기로 했다. 우리가 차갑고 무정하다고 생각하는가? 그렇지 않다. 우리가 그들에게 도움이 되지도 않을뿐더러, 그들이 심심풀이로 우리의 인생을 갉아먹는다는 사실을 깨달았을 뿐이다.

사람들은 마치 카멜레온처럼 주위 사람들을 닮아가게 마련이다. 긍정적이고 낙관적이며 사랑과 관심을 주고받을 수 있는 이들과 인간관계를 발전시켜라. 인생을 단지 우연하게 벌어지는 사건이 아닌 긍정적인 경험으로 보는 사람들을 찾으라. 당신이 어려움에 처했을 때 당신의 말을 경청하고 긍정적인 피드백과 조언을 줄 수 있는 사람들과 시간을 보내라. 살아 있어서 정말 좋다는 느낌을 갖게 하는 사람들을 주위에 두라. 왜냐하면 살아 있음은 그 자체로 정말 좋기 때문이다.

17. 다른 사람들의 도움을 받아라　스트레스로 뻗기 직전일 때, 그리고 인생이 불안하게 흘러갈 때 우리에게는 다른 사람들의 도움이 필요하다. 어떤 사람들은 이런 때에 다른 사람들과의 연락을 뚝 끊어버리는 실수를 범한다. 내 친구 론은 최첨단 분야에서 일을 하기 때문에 가끔 직장을 유지하기 힘들 때가 있다. 사정이 매우 나빠지면 그는 다른 사람들과 접촉을 끊어버려서 몇 달 동안 그의 소식을 못 들은 적도 있다.

　우리 모두는 때때로 의지할 수 있는 친구와 친척이 필요하다. 인생이 힘겨울 때 사랑하고 존경하는 사람들로부터 도움과 피드백을 구할 필요가 있다. 단지 문제에 대해 이야기를 나누는 것, 혹은 실컷 우는 것만으로도 다시 일어서는 데 큰 도움을 받을 수 있다. 이렇게 함으로써 상황을 더 넓은 관점에서 보게 된다. 즉, 새로운 시각을 얻고 예전에는 상상도 못한 해결책을 생각해낼 수 있다.

18. 많이 웃어라　웃을수록 행복해진다. 타인에게 미소 지으면 타인도 당신에게 미소로 답할 것이다. 화가 날 때 미소를 지어보라. 미소를 지으면 얼굴 근육이 이완되기 때문에 화내는 것은 사실상 불가능하다. 인도의 요기들은 수세기 동안 이 사실을 알고 있었다. 마하리쉬 명상 수행자들이 항상 미소 짓는 이유는 미소를 지으면 좋은 기분이 오래 유지된다는 사실을 알기 때문이다. 부정적인 기분이 들고 스트레스를 많이 받는다면 15분 정도 미소를 지어보라. 눈에 띄게 고양되는 정신이 느껴질 것이다.

19. 기도의 힘을 빌려라　스트레스와의 전쟁에서 기도는 효과적인 무기이다. 그 육체적·정신적 혜택은 대적할 만한 상대가 없을 정도이다. 수

많은 연구가 이를 뒷받침하는데, 그중 듀크 대학과 오하이오 주립대학에서 실시한 연구가 대표적이다. 기도를 하는 사람들은 스트레스, 우울증, 질병 및 부상에 대처하는 능력이 뛰어나다. 기도는 인생에서 가장 어려운 상황에 처한 사람들에게 문제를 해결할 수 있는 힘을 준다. 기도의 그 놀라운 힘은 치유 기도의 대상이 된 사람이 그렇지 않은 사람보다 더 빨리 낫는다는 사실에서도 알 수 있다.

종교 모임은 공동체 의식을 불어넣는다. 이 공동체는 어려운 시기에 있는 사람에게 힘을 보태주고 도움을 준다. 신앙이 깊은 사람일수록 힘든 시기를 잘 견뎌내고 비극에 꺾이지 않는다. 신앙은 사람들에게 상황이 좋아질 것이라는 희망과 낙관을 준다. 나는 그것이 교회와 집회에서 사람들이 서로 나누는 관심, 사랑, 지원 덕분이라고 생각한다.

20. 스트레스 일지를 써보라 하루를 보내면서 스트레스를 받았던 사건들을 짧게 기록하라. 일어났던 사건과 상황, 그 원인, 관련된 사람 및 자신의 반응 방식 등을 스트레스 일지에 간단하게 적은 다음 1점에서 5점까지 당신의 반응에 점수를 매겨라. 스트레스를 매우 조금 받았으면 1점, 아주 많이 받았으면 5점을 매긴다. 잠자기 전 하루를 뒤돌아보면서 어떤 사건 때문에 가장 화가 났는지 살펴보라. 그 일이 당신의 에너지를 소모할 만큼 가치 있는 일이었는가? 어떻게 다뤘으면 더 좋았을지, 다음에는 어떤 다른 방식으로 대처할 것인지 스스로에게 물어보라. 이런 일에 시간이 많이 걸린다고 생각하는 사람도 있겠지만 그만한 가치가 있다. 변화하기 위해 필요한 정보를 수집하는 시간이기 때문이다.

21. 마음속 이야기를 글로 쓰라 종이 위에 감정을 적는 일은 마치 압력

날짜, 시간	스트레스의 원인	나의 반응	점수1~5점

※점수가 높을수록 더 바람직한 반응임

밸브를 여는 것과 같다. 다른 사람들에게 감정을 표현하는 데 서툴거나 편하게 마음 놓고 감정을 털어놓을 수 없을 때에는 특히 더 그렇다. 당신의 감정을 글로 쓰면 거의 말로 하는 것만큼의 효과가 있다. 창조성을 발휘하여 인생에서 일어나는 일을 단편 소설이나 시로 써보라. 당신의 기분도 안정될 뿐만 아니라 숨어 있던 창조성이 분출되는 좋은 기회가 될 수도 있다.

<u>22. 자신보다 어려운 처지에 있는 사람을 도와라</u>　어떤 일이든 상관없다. 무료 급식소 봉사, 사랑의 집짓기 운동, 가난한 이들을 돕는 교회 프로젝트, 학대받는 아동들을 위한 봉사 활동 등 자신보다 어려운 처지의 타인을 돕는 일은 스트레스 해소에 그만이다. 또한 이런 봉사 활동은 당신을 더 강하고 선한 사람으로 만들어준다.

자발적으로 봉사 활동에 참여하고 자신의 시간, 에너지, 재능을 공동체를 위해 사용하라. 자신보다 못한 처지의 사람들이 정말 많다는 사실에 놀랄 것이다. 또한 당신의 문제를 확대 해석하지 않게 된다. 그러다 보면 상황을 더 넓은 관점에서 바라보고 자주 사소한 일에 힘을 뺐던 자신이 부끄러워질 것이다. 어려운 상황의 이웃을 돕고 선한 행동을 하면 뿌듯한 기분을 느낄 수 있다. 봉사 활동을 하는 시간이나 그 후에 고양된 기분을 느낀다고 말하는 사람들이 많다. 사랑을 나누며 느끼는 뿌듯한 기분은 당신을 더 건강하고 행복하게 만들어줄 것이다.

<u>23. 무작위로 친절을 베풀라</u>　이 방법은 어려운 처지의 이웃을 돕는 것과 긴밀한 연관이 있고 그 긍정적인 효과도 같다. 집안일을 하거나 쇼핑 및 여행을 할 때 잠시나마 누군가를 도울 기회가 저절로 생기는 경우가 있다. 예를 들어, 다른 사람이 지나가도록 문을 붙들어준다든지, 다른 운전자에게 차선을 양보한다든지, 비행기에서 짐 올리는 사람을 도와준다든지 하는 일들 말이다. 이런 종류의 모든 행동은 기분을 좋게 하고 스트레스 수위를 낮추는 데 긍정적인 영향을 준다.

<u>24. 집 안을 정리 정돈하라</u>　집에 쌓아놓은 잡동사니도 스트레스를 가중시키는 요소 중 하나이다. 이사를 왔을 당시에는 아마 이것저것 놓아

둘 공간이 많다는 생각도 했으리라. 그러나 시간이 지나면서 오래된 물건은 그대로 남은 채 새로운 물건이 쌓이게 된다. 그 결과 부족한 공간에 너저분한 잡동사니만 남는다. 그 물건들 중에는 아마도 수년간 건들지도 않은 것들이 수두룩할 것이다. 누구를 위해 모아둔 물건인가? 왜 모아두는가? 이런 것들은 정신을 산란하게 하고 막상 무언가를 찾아야 할 때 방해만 되는 스트레스 요인일 뿐이다. 물건을 못 찾아서 스트레스 받았던 때를 기억해보라. 내 아내도 입고 싶을 때 찾지 못한 옷 때문에 스트레스를 받곤 했는데 지금은 1년에 두 번씩 옷장을 말끔히 정리한다.

더 이상 미루지 말고 집 안을 정돈하기 시작하라. 시간을 따로 할애해서 옷장과 서랍을 정리하고 사용하지 않는 오래된 물건들은 버리거나 자선 단체에 기증하라. 정돈해야 할 방, 옷장, 서랍, 공간 등을 목록으로 작성한 다음 최악의 장소를 먼저 공략하라. 가장 골치 아픈 곳을 말끔히 청소하면 나머지 장소도 마저 청소하고 싶어질 것이다. 정리를 모두 끝낸 다음에는 자신에게 상을 주어라.

25. 목욕으로 스트레스를 날려라 스트레스를 받아서 근육이 딱딱하게 뭉쳤을 때 뜨거운 물에서 하는 목욕만큼 몸을 이완시켜주고 졸리게 만드는 것은 없다. 촛불을 켜고 조명을 낮추고 부드러운 음악을 틀어놓으면 목욕의 효과가 증대된다. 촛불의 흔들림은 평화로운 분위기를 더한다. 향초 또한 긴장 이완에 도움이 된다. 목욕은 명상을 하고 긍정적인 확언을 반복할 수 있는 좋은 기회이다. 잠자리에 들기 전에 목욕을 하라. 정신이 맑아지고 빨리 잠들 수 있다.

물줄기로 마사지가 가능한 샤워기를 사라. 목, 어깨, 등을 마사지하면 긴장을 해소하는 데 효과적이다. 욕조를 교체하기로 했다면 물줄기를 분사하는 기능이 있는 것은 어떨까? 욕조에 몸을 담글 때마다 색다른 기분이 들 것이다.

26. 코도 운동시켜라 코를 운동시킨다니 우습다고 말하는 사람도 있겠지만 향초를 이용하는 것과 다를 바 없는 방법이다. 아로마테라피(향기요법)는 식물로부터 추출한 향이 나는 오일을 사용한다. 이런 방향유는 건강 증진, 스트레스 감소, 몸의 균형 되찾기를 목적으로 사용된다. 아로마테라피에는 바닐라, 라벤더, 재스민 향이 흔히 쓰이며 오일의 향을 흡입하는 방식으로 사용한다.

아로마테라피의 알려진 효과 중에는 증명된 것도 있고 그렇지 않은 것도 있다. 많은 사람들은 아로마테라피가 불안, 긴장 및 스트레스를 경감하는 데 매우 효과적이라고 말한다. 특정한 질병, 상처 및 피부병을 호전시키기 위해 오일을 목욕물에 타서 사용하는 사람들도 있다. 가장 좋아하는 향이나 여러 향의 조합을 찾아서 시험해보라. 기분 좋은 향을 맡는 것만으로도 스트레스가 많이 풀린다.

27. 마사지로 스트레스를 풀어라 마사지는 불안, 긴장 및 스트레스에 효과적인 치료법이다. 실제로 마사지는 투쟁-도피 증후군이 일어나는 동안 스트레스 때문에 분비된 호르몬을 많이 감소시킨다. 마사지를 받으면 몸이 완전히 이완되고 정신이 맑아진다. 또한 마사지는 특정한 종류의 두통과 만성 통증을 없애주는 데 그만이다. 마사지는 뻐근하고 결리며 경련을 일으키는 근육을 낫게 하는 완벽한 방법이다. 스트레칭과 마찬가지로 유연성을 높이고 관절의 동작 범위를 넓히는 데 도움이 된다. 섬세한 근육 조직을 마사지하면 그 부위의 세포에 더 많은 혈액이

공급되면서 통증과 뻐근함이 사라진다. 마사지 요법은 혈액순환과 저혈압을 개선하는 것으로 잘 알려져 있다.

마사지에는 스웨덴 마사지, 심부 조직 마사지, 스포츠 마사지 등 종류가 많다. 따라서 마사지사마다 받은 교육과 사용하는 기술이 다르다. 어떤 마사지 기법이 자신에게 가장 효과적인지 아는 게 중요하다. 물론 전문 마사지사에게 마사지를 받아야 한다.

28. 침술과 지압의 효과를 느껴보라 침술은 2000년 전 고대 중국의 의술에서부터 출발한다. 우리 몸속의 기氣의 개념이나 에너지의 우주적인 생명력에 대해서는 이미 앞에서 설명한 바 있다. 중국 전통 의학에서는 기가 체내의 14개의 경락을 통해 계속해서 순환한다고 여긴다. 각 경락을 따라 여러 지점에 걸쳐 분포하는 경혈은 특정한 체내 기관과 연관되어 있다. 기의 흐름이 방해받거나 막히면 그 결과 몸이 아프거나 질병이 생긴다. 침술은 기의 흐름을 뚫어주고 몸이 다시 균형을 찾도록 해준다. 침술의 가장 흔한 방법은 매우 가는 금속제 바늘을 특정한 경혈 속으로 꽂아 넣는 것이다. 그리고 바늘을 손으로 건드리면서 에너지의 흐름을 자극한다. 하지만 통증은 거의 없다.

아시아권에서 침술은 수세기 동안 몸의 이상과 질병을 치료하는 데 이용되어왔다. 미국 및 유럽의 많은 의사들도 통증과 메슥거림을 경감시키기 위해 침술을 사용한다. 또한 침술은 알코올 중독 및 약물 중독 치료에 도움이 된다. 미국 국립보건연구소는 침술과 그 효용에 대한 연구를 적극적으로 지원하고 있다. 그 외의 많은 연구 프로젝트에서도 근육의 경직, 경련 및 통증을 치료하는 침술의 효과가 연구되었다. 침을 맞은 후에는 기분이 편안해지고 몸이 이완된다.

4000년 전 중국에서 시작된 이래 지압은 가는 바늘을 사용하지 않는 점이 다를 뿐 그 원리와 목적은 침술과 같다. 지압은 손으로 경혈을 자극하여 스트레스와 통증을 경감시킨다. 손가락, 손바닥, 주먹으로 경혈에 압력을 가하여 막힌 기의 흐름을 뚫는 것이다. 침술과 마찬가지로 몸이 다시 균형을 찾으면서 치유되고 이완되며 전체적으로 기분도 좋아진다.

29. 고급 온천에서 푹 쉬어라　경제적으로 여유가 된다면 고급 온천에서 보내는 하루는 완벽하게 휴식하고 몸과 정신에 쌓인 스트레스를 해소하기에 좋은 방법이다. 귀빈 대접을 싫어하는 사람은 없다. 경제적으로 여의치 않다면 대중 온천이나 피부 관리실에서 얼굴 마사지라도 받아보라.

30. 스크랩북을 만들라　요즘 굉장한 인기를 끌고 있는 취미거리로 스크랩이 있다. 스크랩은 추억을 수집하고 원하는 대로 창조성을 발휘할 수 있는 멋진 방법이다. 아내는 나와 프랑스로 여행을 갔다 온 후 우리가 매일 한 일을 적어넣은 여행 스크랩북을 만들었다. 가끔 우리는 스트레스를 많이 받은 날이면 스크랩북을 펼쳐 보면서 기분 전환을 한다. 그 멋진 여행을 다시 한 번 되새기면서 마치 여행을 보내고 있는 듯한 느낌을 받는다. 스크랩북은 자녀, 친구, 친척들과 함께 작성하며 시간을 보내기에도 좋다. 특별한 이에게 선물할 목적으로 혹은 누군가의 일생을 추억하거나 자신의 일생을 돌아보는 의미에서 스크랩 앨범을 만들어보라.

31. 요리를 하라　요리는 현재 하고 있는 일에 정신을 집중시키도록 만드는 마술이다. 요리를 하는 동안에는 집중하게 마련이라 골치 아픈 생각을 잊을 수 있다. 그 정도까지는 아니라고 해도 적어도 야채를 썰면서 머리를 식힐 수 있다. 정성을 들이거나 어려운 음식을 만들 필요는 없다. 요리에 초보인 사람은 간단한 음식부터 시작하라. 너무 만들기 어려운 음식을 선택하면 스트레스만 더 받을 뿐이다. 요리를 함께 만드는 부부들도 많다. 그들은 요리가 시간을 재미있게 보낼 수 있는 좋은 활동이라고 생각한다. 요리를 끝내면 무언가를 성취했다는 기분이 드는데다 맛있는 음식까지 먹을 수 있으니 얼마나 좋은가. 당신도 시도해보라. 자신이 의외로 요리에 소질이 있다는 사실을 발견할 수도 있고 새로운 취미로 발전시킬 수도 있다.

32. 촛불을 켜놓고 낭만적인 저녁 식사를 하라　진부하게 들릴지 모르지만 효과는 만점이다. 분위기를 잡으면 특히 자신이 아끼는 사람과의 관계를 돈독하게 하는 데 좋다. 촛불을 켜면 편안한 분위기와 더불어 저녁 식사에 특별함이 더해진다. 사람들은 몸과 마음이 편해지면 자연스레 대화를 시작하게 마련이다. 몸과 마음을 편하게 해주는 모든 것은 스트레스도 해소시킨다.

33. 가족의 뿌리를 찾아보라　최근 들어 족보 연구에 점점 관심이 쏠리고 있다. 가족의 계보를 따라가는 일은 기분 전환에 그만이다. 또한 생각보다 쉽다. 인터넷에 족보와 관련된 많은 웹사이트가 있다. 이 웹사이트들에는 수많은 이름들이 데이터베이스화되어 있어서 당신은 그저 성씨만 입력하면 된다. 서비스료를 내야 하는 사이트도 있다. 또한 돈을

내고 전문 족보 연구가의 도움을 받을 수도 있다.

34. 하루 동안 멀리 떠나라　장기 휴가의 효과는 뚜렷하다. 그러나 1년 동안 스트레스를 푸는 데 할애하는 시간이 고작 여름휴가뿐이라면 충분치 않다. 나머지 기간 동안에도 자주 재충전을 해주어야 한다. 그 해결책은 한 이틀 정도 도시를 벗어나는 것이다. 주말 휴가 계획을 잡아서 되도록 자주 도시에서 탈출하라.

　한두 번의 짧은 휴가는 머리를 식히고 몸을 가볍게 하는 데 놀라운 효과가 있다. 주변의 환경을 완전히 바꾸는 일은 매우 흥분되고 재미있다. 서너 시간만 차를 타고 나가도 전에 가보지 못한 곳을 많이 발견할 수 있다. 이런 여행은 일로 인해 생긴 몸과 마음의 긴장을 풀어준다. 휴대폰이나 호출기를 꺼놓아서 떠나 있는 동안 방해를 받지 않도록 하라.

35. 내 고장을 먼저 돌아보자　현재 거주하는 동네나 인근 지역에 가볼 만한 곳이 있는지 찾아보라. 지도나 인터넷을 참조해도 좋다. 아직 안 가본 공원이나 야외 시설 또는 국립·사립 박물관이 있는가? 지역 신문을 통해 그 지역에서 열리고 있는 행사를 조사하여 찾아가보라.

36. 새로운 활동을 모색하라　우리는 매일 똑같은 일을 하면서 판에 박힌 일과로 하루를 보낸다. 정해진 일과는 일상생활을 원활하게 해주므로 도움이 되는 경우가 많다. 그러나 장소를 바꾸어 더 재미있고 스트레스를 덜 받는 생활을 할 필요도 있다. 전부터 하고 싶었으나 아직 해보지 못한 일들을 적어보라. 스포츠, 취미, 동호회 가입 등이 그 예가 될 수도 있다. 그러나 완전히 새로운 활동이어야 한다는 점을 명심하라. 이

새롭고 재미있는 활동을 해볼 수 있도록 도움이 되는 정보, 사람 및 단체를 찾아보라. 그리고 활기차게 그 활동을 지속하라.

37. 건전한 취미 생활을 하라 취미는 거의 명상과 비슷한 효과를 낸다. 바쁜 정신을 여유롭게 만들고 산만한 마음을 가라앉히며 즐거운 일에 집중하도록 만들기 때문이다. 많은 사람들이 취미 활동을 하면서 이완과 만족을 얻는다. 구체적인 결과를 창출해야 하는 부담과는 다르다. 어떤 사람들은 취미 활동을 통해 발휘되는 창조성에서 성취감을 느낀다. 수년 전에 포기했던 취미나 열정, 손재주, 그리고 창조성을 요구하는 새로운 취미를 찾아보라. 내일의 업무에 대한 걱정으로 시간을 보내기보다는 새롭고 기분 전환이 되는 활동에 몰입하라.

최근에 나는 어릴 적부터 수집해오던 우표 수집책을 찾아냈다. 그것이 가져다준 따뜻한 추억과 유쾌한 기억이란! 나는 우표 수집책에 열중하기 시작했고 곧이어 내가 매우 오래된 귀한 우표들을 소장하고 있다는 사실을 깨달았다. 더불어 그동안 전 세계의 많은 나라들이 이름을 바꾸었거나 역사의 무대에서 사라졌다는 사실에 정말 놀랐다. 옛 취미를 찾아서 먼지를 털어내고 흥미에 불을 붙여라. 아니면 새로운 취미를 개발하라.

38. 어딘가에 소속되어보라 다른 사람들과 어울리면 정신을 다른 곳으로 돌릴 수 있다. 또한 다른 사람들에게 관심을 가지는 동시에 스트레스도 없앨 수 있는 기회가 된다. 어떤 단체에도 속해 있지 않다면 공통된 관심사를 나눌 수 있는 단체를 한두 곳 찾아보라. 지역의 시민 단체, 친목 단체, 교회, 외국어 및 취미 또는 직업과 관련된 협회와 같이 특별

한 목적이 있는 단체도 좋다. 자신이 주축이 되어 매달 돌아가며 저녁 식사에 사람들을 초대하는 모임을 만드는 것은 어떨까? 예를 들어, 10쌍의 미식가 부부들과 함께 와인을 마시며 즐거운 시간을 보내는 모임 말이다.

39. 영혼을 위로하는 음악을 가까이하라 어떤 음악은 치료 효과가 있다. 부드러운 음악을 직장이나 집에서 들을 수 있다면 스트레스 수치가 낮아질 것이다. 대부분의 클래식 애호가들이 알고 있듯이 고전 음악은 기분을 안정시키는 효과가 크다. 나는 개인적으로 오래된 재즈를 좋아하는데, 특히 오래전에 유명한 재즈 여가수들이 불렀던 노래를 좋아한다. 뉴에이지 음악 또한 고요한 분위기를 만드는 데 매우 효과적이다.

나는 밤마다 나의 충견인 '멋쟁이'를 산책시킬 때 헤드폰을 쓰고 나간다. 동기 부여에 관련한 CD를 듣거나 혹은 감미로운 재즈를 들으며 걷기 운동을 한다. 더불어 멋쟁이가 일으키는 작은 소동에 웃음도 터뜨리면서 스트레스를 푼다. 나는 집안일을 할 때도 음악을 틀어놓는다. 음악은 기분 좋게 일하도록 만들어준다.

40. 책을 가까이하라 나는 책을 사랑하는 사람으로서 자주 서점이나 도서관에 가서 서가에 꽂힌 책들 사이를 누비면서 긴장을 푼다. 책장을 훌훌 넘기면서 현재를 살고 있다는 느낌과 함께 과거나 미래에 대한 생각을 잊는다. 조사나 독서 중에 스트레스가 풀리는 까닭은 그러는 동안 일이나 바쁜 일정에 대한 생각을 떨칠 수 있기 때문이다. 게다가 독서를 통해 다양한 주제에 대한 새로운 정보를 얻게 되므로 지식 기반과 시야를 넓힐 수도 있다.

<u>**41. 정원을 손수 가꾸어라**</u>　야외에서 손에 흙을 묻히고 식물을 가꾸는 일은 스트레스를 줄이는 데 놀라울 만한 효과가 있다. 사우스플로리다에 사는 나는 나무를 손질하고 잡초를 뽑으며 정원에서 많은 시간을 보낸다. 이 육체 활동은 한 주 동안 쌓였던 욕구불만과 스트레스를 없애준다. 내 친구는 물론 이웃 친척 중에서도 정원을 가꾸면서 나와 같은 효과를 본 이들이 많다. 우리는 정원 가꾸기에 치료 및 진정 효과가 있다고 생각한다.

캘리포니아에 사는 내 사촌은 급성장하는 최첨단 산업 분야에서 세일즈 마케팅을 맡고 있는데, 긴장과 중압감을 다스리기 위해 토마토를 기른다. 내 아내는 아름다운 난초를 정성스레 보살핀다. 자신의 정성 덕택에 꽃을 피운 난초를 보며 아내는 평화로운 기분을 맛본다.

정원 가꾸기는 정신을 맑게 하고 현재 하고 있는 일에 집중하게 해준다. 기분이 좋아지고 긴장이 풀어지는 정원 가꾸기의 효과는 개인적으로 증언하고 싶을 정도이다. 치료 효과와 더불어 자신의 손으로 만든 성과물을 볼 수 있다는 점도 빼놓을 수 없는 이점이다. 정원 가꾸기에 넓은 땅이 필요하지는 않다. 화분에 식물을 키워도 되고 실내 정원을 꾸미는 방법도 있다.

<u>**42. 해돋이와 석양을 감상하라**</u>　운이 좋으면 차를 몰고 가다가 해돋이나 석양을 볼 때가 있다. 출퇴근길에 예민해지고 스트레스를 받을 때 이런 행운을 만나면 마치 신이 '나 아직도 여기 있느니라. 멈춰 서서 내가 너에게 선물한 이 아름다움을 감상하라'고 말하는 것 같다. 그러면 내 기분은 즉시 호전된다. 그러나 여전히 주변의 다른 운전자들은 교통 체증으로 인한 신경질과 스트레스로 인해 모두 초췌한 얼굴을 하고 있다.

그럴 때 나는 외치고 싶다. '여유를 가지고 이 아름다운 석양을 좀 보시오!'라고 말이다. 시간을 내서 해돋이와 석양을 보라. 신으로부터 선물을 받은 듯한 느낌이 들 것이다.

43. 걷기, 공원 산책, 소풍, 사이클링, 하이킹을 하며 자연을 만끽하라

이 모든 활동은 당신을 야외로 끌어내고 세상의 아름다움을 만끽하게 한다. 게다가 가족이나 친구와 함께 할 수 있다는 점에서도 유익한 활동이다. 이런 활동들을 통해 사랑하는 사람과 함께 자연을 접하면서 동시에 운동을 하고 신선한 공기도 쐴 수 있다. 한 주 동안 쌓인 스트레스가 날아가 버릴 것이다.

44. 때때로 쇼핑을 해보라

내 아내가 자주 하는 스트레스 퇴치법이다. 아내는 상점에서 물건을 사는 것만큼 반짝 세일과 벼룩시장 돌아다니기를 좋아한다. 아무것도 사지 않더라도 쇼핑은 아내에게 현재를 살고 있다는 자각심을 주고, 스트레스 주는 문제들을 잠시나마 잊게 해준다. 걸으면서 운동도 되고 생활의 문제가 아닌 다른 것에 관심을 돌림으로써 머리도 가벼워진다. 즐겁고 편안한 기분 전환의 기회가 된다. 물론 이 비밀을 예전부터 알고 있는 사람들도 많으리라.

45. 콘서트, 박람회, 축제에 가라

야외에서든 실내에서든 즐거운 시간을 보내는 군중을 보면 덩달아 기분이 좋아진다. 현장에서 듣는 음악은 당신을 현재의 순간으로 몰입시켜 긴장을 풀고 쉴 수 있도록 해준다. 가족과 함께 할 수 있는 활동이라서 더 좋다. 그저 즐거운 시간을 갖는 것만으로도 스트레스가 풀린다.

46. 극장, 공연장, 박물관, 천문대에 가라 이런 장소에서 보내는 몇 시간 동안 당신은 다른 세계를 경험할 것이다. 이런 활동은 스트레스로 절은 세상에서 탈출하는 아주 좋은 방법이다. 당신을 편안하게 해줄 영화나 연극을 고르라. 폭력적이고 잔혹한 영화는 긴장을 더 악화시키므로 현명하게 선택해야 한다. 천문대는 세상을 폭넓게 보도록 해준다. 넓은 관점에서 인생을 바라볼 수 있도록 말이다.

47. 애완동물을 곁에 두어라 애완동물은 스트레스 해소에 엄청나게 기여한다. 고양이, 개, 새, 말 등 동물들과 함께 보내는 시간은 치유 효과가 있다. 동물들은 우리를 위로하고 외로움을 덜어준다. 애완동물을 쓰다듬고 같이 놀다 보면 덩달아 우리의 기분도 좋아지면서 화, 걱정, 스트레스가 많이 줄어든다. 애완동물은 우리가 특히 중압감을 느끼고 있을 때 관심을 돌릴 만한 대상이 되어준다. 사람들과 애완동물 사이의 교감은 경험해보지 않으면 이해하기 힘들다. 애완동물은 항상 무조건적인 사랑으로 당신 곁에 있으면서 보살핌을 주고받는 느낌을 준다.

애완동물의 습성을 관찰하는 것도 재미있는데, 종종 웃음을 자아낸다. 11살이나 된 나의 충견 멋쟁이가 여전히 강아지 때처럼 까부는 모습을 보면 웃지 않을 수가 없다. 멋쟁이가 노는 모습에 즐거워하고 웃다 보면 거의 휴가를 온 듯한 기분이 든다. 만약 애완동물을 보살피는 책임이나 비용이 마음에 걸린다면 애완동물 가게나 애완동물 쇼, 아니면 승마장에 가보라.

48. 동물원에 가라 사이먼 앤 가펑클의 '모두 동물원에 있다네(It's all happening at the zoo)'라는 제목의 노래는 일리가 있다. 야외 동물원

은 특히 모험거리가 가득하다. 게다가 재미있고 교육적이며, 온 가족이 함께 시간을 보낼 수 있고, 많이 걸을 수 있는 기회도 얻는다. 온갖 동물들을 구경하는 동안 어느새 스트레스가 날아간다. 일과 골칫거리, 자신에게 묶여 있던 정신을 해방시켜준다.

49. 손수 세차하라 차를 닦고 광내는 일은 언뜻 생각하기에 노동 같지만 많은 사람들이 스트레스 해소 방법으로 꼽는다. 세차를 끝내고 나면 성취감과 더불어 자부심이 들고 다시 더러워질 때까지 비록 잠시 동안이나마 운전이 더 즐거워진다. 그러나 세차의 진정한 효과는 머리를 맑게 해준다는 점에서 명상에 버금간다. 또한 운동으로도 손색이 없다. 나는 운동으로서의 효과를 보기 위해 한정된 시간 내에 세차와 광내기를 끝내도록 스스로에게 내기를 건다. 가끔은 헤드폰을 쓰고 음악을 들으며 세차를 하기도 한다.

50. 실천 계획을 짜라 스트레스를 통제하는 많은 방법을 알았으니 이제 계획을 짜고 실천으로 옮길 때이다. 현실적인 장기 및 단기 목표를 적으라. 끈기와 결단력으로 그 목표를 추구하라. 수년 동안 지녔던 오래된 습관을 깨려면 시간이 걸리겠지만 당신은 할 수 있다.

스트레스를 정복하라

나는 이 책에서 여러 번에 걸쳐 목표를 세우고 흔들림 없이 추진하고 행동을 변화시키는 것의 중요성을 강조했다. 이제 마지막으로 목표 설정 과정에 대한 구체적인 설명과 지속적인 스트레스 통제를 위한 단계별 실천 계획을 세우는 방법을 소개하며 이 책을 마무리하려고 한다. 목표 설정 과정은 인생의 어떤 부분을 바꾸고 싶은가에 상관없이 모두 같다. 여기에서 내가 말하는 목표란 당신이 이 책을 읽는 이유이다. 즉, 인생에서 스트레스를 줄여서 최고의 기량을 발휘하고 질 높은 삶을 창조하는 것이다. 여기에서는 개인적인 목표 설정의 예를 보여주지만 그 과정은 직장에서 직업과 관련한 목표를 세우는 과정에도 마찬가지로 적용될 수 있다.

이 지침은 당신을 목표 성취를 위한 체계적인 과정으로 안내하며, 실천 계획은 당신에게 성공을 위한 청사진을 제공한다. 자, 이제 스트레스를 통제하고 더 나아가 자신의 인생을 지배하는 길이 바로 눈앞에 있다.

성공적인 삶을 위한 10가지 지침

열정과 욕구를 가져라

스트레스를 덜 받는 인생을 사는 것이 목표라면 그것을 이루기 위한 강한 열정과 욕구를 가지고 스트레스를 해소하는 데 시간을 할애해야 한다. 만약 시간을 낼 수 없거나 낼 생각이 없다면 변화는 꿈도 꾸지 마라. 스스로를 믿고 해낼 수 있다는 강한 자신감을 가져야 한다.

우리는 모두 스트레스를 줄이려는 욕구를 가지고 있다. 그러나 이것만으로는 목표를 이룰 수 없다. 당신의 마음속에서 그 욕구가 얼마나 강하게 타오르는가? 오래된 습관을 던져버릴 마음이 생길 정도로 강한가? 습관을 바꾸기 위해서는 약 3주 동안 노력과 의지를 쏟아부어야 한다. 만약 변화하지 못한다면 스트레스는 당신의 직장과 가정생활을 파괴할 것이다. 당신은 하루 중에 이 책에서 언급한 운동이나 방법을 실행할 만한 시간을 기꺼이 낼 수 있을 만큼 열정적이어야 한다. 지금까지의 생활을 재조정하고 나쁜 습관을 고쳐야 한다는 뜻이다. 이처럼 헌신적으로 노력해야 한다. 열정이 있다면 목표를 이루기 위해 필요한 끈기와 의지가 따라줄 것이다.

현실적으로 사고하라

스스로에게 솔직해져라. 즉, 비현실적인 목표를 설정하면 안 된다는 말이다. 시간, 돈, 막대한 노력이 들어도 결국에는 성취할 수 있는 목표를 세우라. 불가능한 목표는 금방 포기하게 되고 좌절감과 스트레스만 남는다. 예를 들어, 하루에 한 시간씩 운동해서 스트레스를 줄이고, 동시에 식습관을 바꾸어서 다음 달까지 18kg을 감량하는 계획을 세웠다고 하자. 이 경우는 목표를 너무 높게 설정한 것이다. 운동을 시작해서 스트레스를 줄일 수는 있지만 평소에 운동을 하지 않던 사람이 처음부터 한 시간 동안 운동을 하겠다는 계획은 곤란하다. 점진적으로 목표를 높여가야 한다. 식습관을 바꿔서 살을 빼겠다면 6~9kg을 감량 목표로 잡는 것이 적당하다. 현실적인 목표를 세우면 성공 확률도 훨씬 더 높다.

현 상태를 분석하라

현재의 자신과 자신의 인생을 살펴보라. 당신은 지금 어느 단계에 있는가? 원하는 목표와의 거리를 보았을 때 계획의 초반에 있는가? 스트레스 일지를 쓰고 검토하여 얼마나 자주 스트레스를 받는지, 또 어떻게 해결하는지 살펴보라. 하루에 스트레스 관리에 할애하는 시간은 어느 정도인가? 스트레스를 줄이기 위해 어떤 활동과 방법을 사용하는가? 출발점이자 진행 과정을 비교할 기준선이 필요하다.

목표를 시각화하라

앞에서 설명했듯이 시각화는 스트레스 수위를 낮추는 데 사용하기도 하지만 목표 설정에도 적용할 수 있다. 운동, 명상, 휴식을 취하는 자신의 모습을 머릿속에 그려보라. 자신을 에너지가 넘치는 사람으로 상상하라. 목표를 실현하여 그 효과를 즐기는 행복한 당신의 모습을 시각화하라. 당신의 잠재의식이 암시에 가장 민감한 시간대인 잠자기 전과 아침 기상 직후에 상상력을 발휘하라. 목표를 이루기 전까지 매일 아침에 일어나자마자 10분, 잠자기 직전 10분을 구체적인 시각화에 투자하라.

최종 기한을 잡아라

최종 기한이 없는 목표는 환상일 뿐이다. 언젠가는 무언가를 성취하리라고 믿는 사람들이 많다. 그들은 항상 준비를 하기 위한 준비를 한다. 그러나 당신은 최종 기한을 정해야 한다. 최종 기한은 목표에 긴박감을 더해준다. 단, 최종 기한은 현실적이어야 한다. 평소에 운동도 하지 않고 다리 힘도 강하지 않은 사람이 2주 안에 5km 속보를 성공시키겠다는 생각은 비현실적이다. 1주 내로 45분간의 명상을 해내겠다는 것도 마찬가지이다. 그렇게 되려면 많은 시간을 투자하여 오랫동안 연습해야 하기 때문이다.

당신의 근무 시간, 가정의 대소사 및 생활 습관 등에 따라 실천 가능한 일정을 잡아라. 목표에 도달하기까지 자신에게 시간을 여유롭게 주어라. 예를 들어, 나는 처음 이 책을 청탁받으면서 8개월 내에 원고를 완성하도록 요청받았다. 그러나 연설과 컨설팅 일정, 그리고 균형 잡힌 인생을 위해서는 실현 불가능한 기한이라고 생각했다. 내가 세운 다른 모든 목표와 동시에 추진할 수 있으려면 10개월이 필요했다. 결과적으로 나는 스트레스 없이 이 책을 약속한 기간 내에 끝낼 수 있었다.

장애 요소 및 문제점을 예측하라

지나간 시간과 성취한 목표를 돌아보면 도중에 힘든 고비가 있었음을 깨닫는다. 장애물은 불쑥 튀어나와 계획을 방해한다. 그러나 목표를 성취하기 위해 매진한다면 장애물을 피해갈 방법을 찾아내게 마련이다. 스트레스 해소를 위한 시간을 마련하는 일에도 걸림돌이 있을 것이다. 이에 대처하는 방법은 걸림돌을 미리 예상해보는 것이다. 다음과 같은 질문을 해보라.

■스트레스 감소라는 목표를 이루는 데 방해가 되는 잠재적인

요소는 무엇인가?

- 내 생활 방식 중 목표 실현 능력을 저해하는 요소가 있는가?
- 인생에서 그 장애물을 제거하려면 무엇을 해야 하는가?
- 목표에 대한 장애물의 악영향을 어떻게 최소화할 것인가?

목표 성취에 무엇이 필요할지 생각하라

당신의 목표를 성취하는 데 도움을 주는 사람들이나 단체가 있을 것이다. 그들이 당신의 성공에 책임이 있다는 말이 아니다. 성공은 오직 당신에게 달려 있지만 당신이 더 쉽게 목표를 이루게 해줄 사람들이나 단체를 찾으면 더 좋다는 뜻이다. 예를 들어, 당신의 목표가 체육관에서 운동을 하면서 스트레스를 없애는 것이라면 함께 운동할 친구를 찾아서 서로 의욕을 고취시키는 편이 좋다. 아니면 개인 트레이너를 고용하는 방법도 있다. 당신의 상사나 가족, 친구들과 함께 시간을 조정할 필요도 있을 것이다.

목표를 이루기 위해서는 정보든 기술이든 자원이 필요하게 마련이다. 스트레스를 통제하기 위해 무엇을 알아야 할지 조사해보라. 당신의 목표가 명상법을 배우는 것이라면 명상 수업을 듣거나 명상을 개인적으로 지도할 전문가를 찾아야 한다.

하루에 어느 정도의 시간을 배정할 것인가? 현재 당신의 일정을 훑어보라. 재조정이 가능한 시간이 있는가? 스트레스를 제거하는 데 가장 좋은 시간이 언제인지 찾아보라. 스트레스 해소에 할애할 수 있는 시간은 때에 따라 15분, 30분, 한 시간 등 제각각일 수도 있다. 그러나 앞에서 내가 한 말을 기억하는가? 5분씩 10번 실천하는 스트레스 감소법이 한 시간 동안 하는 것과 비슷한 효과를 낸다는 사실 말이다.

스트레스를 줄이기 위해 경제적인 투자가 필요할 수도 있다. 체육관, 운동 기구, 수업 및 개인 트레이너 등은 모두 돈이 들어간다. 당신의 예산에 맞춘 적당한 방법을 찾으라.

단계별 계획을 세우고 실천하라

단계별 계획과 함께 명확하게 정의된 목표를 써놓지 않으면 아마도 목표 실현은 환상에 그칠 것이다. 애매모호하게 써놓은 목표는 실현되지 않는 법이다. 너무 유연성이 없는 목표도 이루기 힘들다.

확실한 목표 명기와 목표 실현 간에는 심리학적인 연관성이 있다. 실천 계획이 있다면 목표는 더 이상 희망이나 환상이 아니다. 방향 감각이 생겼고 목표 실현을 위한 지도를 얻었기 때문이다. 계획을 써놓지 않으면 성공하지 못한다. 즉, 원하는 성취 수준에 도달하지 못할 것이다. 마치 숲 속에서 나침반도 없이 길을 잃고 헤매는 사람과 같다. 베라 요기의 말마따나 어디로 가는지 모른다면 엉뚱한 곳에 이르게 될 것이다.

언젠가 세미나에서 만난 어떤 사람이 자신은 한 번도 목표를 적어본 적이 없다고 말했다. 그는 목표를 머릿속에 새겨둔다고 했다. 나는 그에게 휴식 시간에 그 문제를 더 자세하게 토론해보자고 했다. 이야기를 나누는 동안 그는 첨단 기술과 관련한 현재의 직종에서 세일즈 방면으로 직업을 바꿀 계획이라고 밝혔다. 나는 그의 목표가 흐릿하고 최종 기한도 없을뿐더러 실천 계획 또한 전무하다는 점을 알았다. 나는 그의 전화번호를 받아놓고 2년 동안 6개월마다 그에게 전화를 걸어 진행 과정을 확인했다. 그는 아직도 전직하지 않았고, 나는 그가 향후에도 전직하리라고 생각지 않는다.

가장 먼저 거시 계획부터 시작하라. 우선 장기 목표를 설정한 다음 그것을 더 짧은 단계별 목표로 나눈다. 장기 목표는 처음엔 너무 압도적으로 느껴지지만 단기 목표 및 각각의 단계는 쉽게 실천할 수 있을 듯하여 착수하기가 더 쉽다. 단기 목표나 단계를 종이에 적어서 눈에 띄는 곳에 두어라.

다음 질문에 답해보고 스트레스의 주요인을 제거하기 위한 실천 계획을 세워보라.

- 당신의 인생에서 가장 큰 스트레스 요인은 무엇인가?
- 그것으로 인한 육체적·정신적 증상은 무엇인가?
- 어떤 사건이나 상황이 그 스트레스를 만드는가?
- 그 원인을 제거하기 위해 지금까지 어떤 조치를 취했는가?
- 그 조치가 지금껏 성공적이지 못했던 이유는 무엇인가?
- 당장 시작할 필요가 있는 일은 무엇인가?

- 당장 그만두어야 하는 일은 무엇인가?

- 당신을 도울 수 있는 사람은 누구인가?

- 어떤 자원이 필요한가?

- 어떤 걸림돌이나 장애물이 예상되는가?

- 스트레스 감소라는 목표를 이루기 위해 필요한 실천 단계를
  적어보라.

- 목표 실현의 최종 기한은 언제인가?

- 중간 평가는 어떤 방식으로 할 것인가?

- 목표 실현의 기준은 무엇인가?

- 성공을 어떻게 축하할 것인가?

지속적으로 확인하라

새로운 목표를 이루기 위해서는 출발한 후라도 잠깐 멈추어서서 그동안의 향상을 확인해야 한다. 어느 정도 진전을 있는지, 제대로 실천하고 있는지 살펴야 한다. 그렇기때문에 스트레스를 없애기 위해 무엇을 했는지 날마다 일지에 적어야 한다. 그러면 일정한 시기 동안 출발이 어땠고 도중에 스트레스를 감소하기 위해 어떤 노력을 기울였는지를 알 수 있다. 당신이 이루고 싶은 목표로 가는 모든 길에는 걸림돌과 우회로가 나타나게 마련이다. 앞뒤를 잘 살피고 그동안 온 길을 확인하면서 올바른 길로 가고 있는지 도중에 자가 진단을 해야 한다. 당신이 이룬 진전을 확인하는 것이야말로 완벽한 동기 부여책이다.

성취를 축하하라

작은 목표를 이룰 때마다 자신에게 상을 주며 축하하라. 가족과 함께 외식을 하거나 자신에게 작은 선물을 주는 것이다. 우리는 큰 성공으로 가는 길에 정신이 팔린 나머지 작은 성공을 홀대하는 경향이 있다. 큰 성공을 거두면 자신에게 큰 상을 주어라. 휴가를 떠나든지 평소에는 꿈도 꾸지 못했던 물건을 자신에게 선물하는 것이다. 파티를 열고 다른 사람들과 함께 축하하라.

실천 계획의 각 단계를 끝낼 때마다 시간을 내서 재미있고 기억날 만한 활동을 하라. 즐거운 시간을 가져라. 당신은 그만한 자격이 있다. 하나의 목표를 완전히 이루었다면 그 다음에는 새롭고 더 높은 목표를 설정하라.

이제 실천할 차례이다

인생에서 스트레스를 줄이는 새로운 방법을 많이 터득한 당신에게 이제 가장 중요한 한마디를 전하고자 한다. 이 책을 내려놓은 다음에는 무엇을 할 것인가? 어떻게 당신의 인생을 바꿀 것인가? 나는 당신에게 목표를 설정하고 실천 계획을 세우는 방법을 알려주었다. 그러나 당신이 지금과 똑같이 생활한다면 아무런 변화도 일어나지 않는다는 사실을 명심하라. 스트레스 때문에 육체적·정신적으로 겪는 고통이 싫다면 지금 당장 무언가를 해야 한다. 변화를 이루어내려면 최선을 다해서 매진해야 한다. 또한 행동을 취하기 위해서는 자기 절제의 정신이 필요하다. 당신만이 해결의 열쇠를 쥐고 있다. 이 책을 읽은 당신은 이미 첫발을 떼었다. 이제 내가 지금까지 제시한 도구들로 스트레스를 때려잡을 차례이다.

사소한 것에서 얻어지는 행복

이 책의 번역을 시작할 때가 기억난다. 어찌 보면 스트레스 쌓일 수 있는 '일'을 하면서 스트레스 해소법에 대한 책을 번역한다고 생각하니 피식 웃음이 나왔다. 하지만 이 책의 번역은 일처럼 느껴지지 않았다. 책 내용 하나하나가 실생활에 바로 바로 적용할 수 있는 그런 알찬 내용으로 차 있다 보니, 일이 아닌 도움이 되는 책을 읽고 있는 기분이라고나 할까? 책 제목을 "스트레스 매뉴얼"이라고 붙여도 되겠다는 생각이 들 정도로 내 생활에 접목시킬 수 있는 많은 스트레스 해소법들을 접할 수 있었다.

번역을 하다보니 나야말로 저자가 책 속에서 독자로 상정하고 있는 그런 사람이었다. 그동안 나는 그저 일만 열심히 하고 그 결과로 스트레스를 보상받으려고만 했지 내 몸과 마음을 보살펴주지 못했다. 일의 결과가 만족스러우면 그나마 위안이 되었지만, 그렇지 못할 때에는 오히려 어느 부분에서 일을 잘못했는지에 대해 새로운 고민을 시작했던 것이다. 그러다보니 스트레스를 받고 지쳐 떨어지는 삶이 지겹다는 생각만 했지 이렇게 적극적으로 스트레스를 미리 막고 그때그때 해결할 수 있다는 사실을 깨달을 여유가 없었다. 사람들이 스트레스에 대해 흔히 하는 조언들은 '사치'라고만 생각했었다.

그러나 이제는 다르다. 한창 일하다가 의식적으로 컴퓨터 화면에서 눈을 떼고 잠시 일어나 스트레칭을 하거나 잠깐 누워 조용한 음악을 들으며 마음을 다스리는 일이- 이 얼마나 간단한 일인가! - 이제는 내 '업무'의 중요한 일부분이 되었다. 예전에는 귀찮다거나 바쁘다는 이유로 가볍게 여기던 일이다. 하지만 속는 셈치고 스트레칭을 하고보니 그동안 시간에 쫓기면서 일을 즐기지 못했던 시간이 아까울 지경이었다. 이제는 앞으로 스트레스가 쌓이면 어떻게 해야 할지 안다. 그것만으로도 스트레스의 반이 날아간 것이나 다름없다.

또한 다른 사람들은 아마 이미 잘 알고 있는 스트레스 대처법이겠지만 최근에 내가 새삼스레 깨달은 것이 있다. 이 역자 후기를 쓰고 있는 현재 나는 호주의 시드니에 와 있다. 여행이나 휴가가 아닌, 생활을 위해 거주지를 옮긴다는 것은 상당한 스트레스가 뒤따르는 일이다. 그러나 이 곳의 청명한 하늘과 초겨울의 시원한 공기, 그리고 푸른 나무들과 잔디, 모든 사물을 희망적으로 보이게 하는 맑은 햇살을 보며, 집을 구하는 일이 늦어지는 것에 대한 스트레스를 잊을 수 있었다. '좋은 것들을 보면 좋은 생각을 하게 된다'는 말이나 '사소한 것에서 얻어지는 행복'이 정말 가슴에 와 닿는 날들이다.

우연하게도 내가 호주에 오는 즈음에 그동안 내 번역 원고를 맡아 진행해주시던 김순형 씨께서도 새로운 출발을 하게 되었다. 내가 번역가로 활동을 시작한 이래 나의 부족한 원고를 세심하게 다듬어주시고 많은 것을 가르쳐주신 그 분께 감사의 말을 드리며 앞길에 희망이 가득하길 바란다. "밥 로시크의 책 《김 대리 정신 차려!》는 의사의 처방과도 같다. 마침내 우리의 인생을 망가뜨리는 적인 스트레스에 대항하는 전술을 가르쳐주는 읽기 쉬운 책이 탄생했다."

"밥 로시크의 책은 의사의 처방과도 같다. 마침내 우리의 인생을 망가뜨리는 적인 스트레스에 대항하는 전술을 가르쳐주는 읽기 쉬운 책이 탄생했다."

-칼 C. 톰슨, 정부회의협회 전무이사

"직장 생활의 고질병인 스트레스에 대한 방어책을 소개하는 책. 최신 정보와 실용적인 조언들로 스트레스 정복에 대한 동기를 심어준다. 강력 추천!"

-다이애나 부허, 《자신감 있게 말하기: 정보와 영감을
주고 설득에 성공하는 강력한 발표법》의 저자

"밥 로시크의 저서를 읽으면 자신이 과연 스트레스로 탈진하기 직전인지 아닌지 알아낼 수 있다. 더 중요한 사실은 직장 내 스트레스에 효과적으로 대처하는 입증된 해결책들을 제시한다는 점이다. 독자라면 가족과 직장 동료들에게도 이 책을 읽게 할 책임이 있다."

-돈 윌슨, 중소기업개발센터협회 사장 · 최고 경영자

"이 책에는 생활 속에서 받는 스트레스를 줄이면서 하루를 최대한 이용하는 실용적인 방법과 단계가 자세히 소개되어 있다. 21세기의 성공인이 되고픈 사람이라면 반드시 읽어야 할 책이다."

-다니엘 버루스, 《테크노트렌드》의 저자

"심한 스트레스를 받으며 초고속 시대를 사는 모든 사람들에게 필요한 책이다. 각계각층의 사람들을 아우르는 스트레스 해소법과 실용적인 조언들로 가득하다."

-토니 알레산드라 박사, 《백금률》의 저자

"적시적기에 나온 책! 지금이야말로 스트레스를 때려잡을 때이다! 뛰어
난 필력과 더불어 이해하기 쉬운 조언들로 가득한 이 책은 현재를 살고 미
래를 살아갈 우리 모두에게 반가운 도구이다."

-로저 E. 허먼, 《위기 임박: 일은 많고, 사람은 없다》의 저자

"압력솥과 같은 이 세상을 살아가는 사람들에게 사용자 매뉴얼의 역할
을 하는 책이다. 오늘 당장 이 책을 집어들고 다시 한 번 인생을 살아보
자!"

-조 캘로웨이, 《카테고리 원》의 저자

"스트레스에 허덕이는 사람들에게 이 책은 필수이다. 이 책에서는 스트
레스에 찌든 생활로 말미암아 직장에서 또는 가정에서 받는 스트레스의
육체적ㆍ정신적ㆍ감정적 증상에 대처하는 방법을 단계별로 소개한다."

-빌 하드맨, 사우스이스트관광협회 회장ㆍ최고 경영자

"정말 고맙게도 이 책은 어려운 과학 용어가 아닌 명료하고 단순하며
실용적인 아이디어로 가득하다. 스트레스에 관한 어떤 책들을 읽고 나면
내가 제대로 살고 있지 않다는 생각이 들면서 더 초조해지는 반면에, 이
책은 읽는 것만으로도 기분이 안정된다. 삶을 더 즐겁게 만들 수 있도록
간결하고 친절하게 안내한 저자에게 고마울 뿐이다."

-바브라 글랜즈, 《보살피는 경영-직원들에게 동기를 부여하고 이직을 막는 법》의 저자

"한 번이라도 스트레스가 성공을 향해 걸어가는 당신의 발목을 잡고 있다
고 느꼈다면, 여기 당신의 인생을 바꿔줄 책이 있다. 이 책에서 저자는 스
트레스의 발생 원인, 소진되는 이유, 그리고 인생의 즐거움을 다시 찾는
방법에 대해 가르쳐준다."

-로저 도슨, 《협상의 비법》의 저자

"과로, 저임금, 지나친 스트레스……. 이제는 더 이상 한 발짝도 나갈 수 없는가? 그렇다면 정신을 가다듬고 이 책을 읽어보라. 미친 듯이 돌아가는 바쁜 업무로 인해 정신이 혼미해진 모든 사람들에게 실용적인 조언을 안겨줄 것이다. 당신의 '해야 할 일' 목록에 추가할 것이 생겼다. 바로 이 책을 읽는 일이다."

-캐시 피요크, 《최고를 얻으라》의 저자

"모두 시간을 내서 《김 대리, 정신 차려》를 읽자! 이 책은 현대의 바쁜 세상을 사는 우리에게 스트레스를 해결하는 강력한 도구이다. 나는 이 책을 직장 동료, 가족, 그리고 친구들과 함께 돌려 볼 생각이다."

-딘 H. 크로포드, 요기베어젤리스톤파크캠프 리조트 상무

"스트레스는 현대 사회의 근로 환경에 중요한 문제로 자리 잡고 있다. 이 문제에 대한 전문가인 저자는 스트레스를 극복하는 법을 잘 알고 있다. 이 책은 직장을 다니는 모든 사람들을 위한 강력하고 실용적이며 유익한 지침서이다."

-마크 슬럿스키, 《스트리트 파이터 마케팅》의 저자

"탈진했다고요? 그렇다면 잠시 마음을 가라앉히고 이 책을 읽으십시오. 다시 일어설 수 있는 방법이 보입니다. 읽기를 잘했다고 생각할 겁니다."

-그레고리 J. P. 고덱, 《낭만파가 되기 위한 1001가지 방법》의 저자

"이 책은 스트레스로 인해 죽음에 이르기도 하는 이 시대에 혜성처럼 나타난 구원자나 마찬가지이다. 저자는 스트레스에 대한 진정한 답을 알고 있는 사람이다."

-빌 브룩스, 《판매와 설득의 신新과학》의 저자

"지금은 이 책이 나올 최고의 적기이다. 저자는 우리의 일상에 실재하지만 보이지 않는 스트레스에 대항하는 독특하고 신선한 아이디어를 제시했다."

-M. 랜스 밀러, 법학 박사 · 금속처리연구소 부사장

"밥 로시크의 책은 인생에서 스트레스를 덜어내고 싶은 사람들을 위한 좋은 아이디어로 가득하다."

-마이클 르뵈프, 《평생 고객을 만드는 법》의 저자

"이 책을 펼치면 바로 우리들을 주인공으로 한 현실적이고 실용적인 아이디어들을 곳곳에서 만날 수 있다. 학문적인 연구 결과를 자신만의 방식으로 쉽게 풀어낸 저자는 책을 읽는 이에게 교훈을 주어 각자의 삶에서 균형과 조화를 이끌어내도록 한다. 균형과 조화의 삶을 향한 여정을 즐겨라. 즐거운 여정이 되리라고 확신한다."

-에드워드 E. 스캔넬, 《트레이너들의 게임》 시리즈 저자

김 대리, 정신 차려

초판 1쇄 인쇄 2006년 8월 21일
초판 1쇄 발행 2006년 8월 28일

지은이 | 밥 로시크
옮긴이 | 전소영
펴낸이 | 노진두
펴낸곳 | 프리미어프레스

등록번호 | 2006년 1월 9일 제300-2006-8호
주소 | 서울시 종로구 신문로1가 163 광화문 오피시아 1605호
전화 | 02)736-0174
팩스 | 02)736-0176
홈페이지 | www.ppress.net

ISBN 89-958109-2-0 03320

값은 뒤표지에 있습니다.
잘못된 책은 구입하신 곳에서 바꾸어 드립니다.